高校教师
职业导航

浙江工商大学教师教学发展中心 编

浙江工商大学出版社
ZHEJIANG GONGSHANG UNIVERSITY PRESS

图书在版编目(CIP)数据

高校教师职业导航 / 浙江工商大学教师教学发展中心编. —杭州：浙江工商大学出版社，2015.4

ISBN 978-7-5178-0760-5

Ⅰ. ①高… Ⅱ. ①浙… Ⅲ. ①高等学校－师资培养－研究 Ⅳ. ①G645.12

中国版本图书馆 CIP 数据核字(2014)第 289849 号

高校教师职业导航

浙江工商大学教师教学发展中心 编

责任编辑	王黎明
封面设计	王妤驰
责任印制	包建辉
出版发行	浙江工商大学出版社
	（杭州市教工路 198 号　邮政编码 310012）
	（E-mail：zjgsupress@163.com）
	（网址：http://www.zjgsupress.com）
	电话：0571-88904980，88831806（传真）
排　　版	杭州朝曦图文设计有限公司
印　　刷	浙江云广印业股份有限公司
开　　本	710mm×1000mm　1/16
印　　张	11.75
字　　数	181 千
版 印 次	2015 年 4 月第 1 版　2015 年 4 月第 1 次印刷
书　　号	ISBN 978-7-5178-0760-5
定　　价	39.00 元

序

　　教师，是传播知识和传承文化的重要职业。自古以来，"学为人师、行为世范"是国家和社会对教师这一职业的共同期待。高校教师作为高校教学和科研工作的主要承担者、基层教学改革的探索者、先进知识文化的传播者，对学生的人生观、价值观、世界观的形成有着直接且重要的影响。可以说，教师的职业水准、教学技能、道德素养直接关系到学校人才培养、科学研究、社会服务等目标的完成情况。习近平总书记与北师大师生座谈时指出，一个人遇到好老师是人生的幸运，一个学校拥有好老师是学校的光荣，一个民族源源不断涌现出一批又一批好老师则是民族的希望。他号召全国广大教师做"四有"教师，即要有理想信念，要有道德情操，要有扎实学识，要有仁爱之心。因此，如何符合"四有"教师标准，提高教师队伍的职业素养是高校管理的一项重要课题，是长期性的教育系统工程。

　　为帮助教师，特别是刚刚走上工作岗位的青年教师增进教师职业水准、明确职业生涯规划，浙江工商大学教师教学发展中心组织编撰了《高校教师职业导航》一书。该书围绕教师职业素质、教师职业能力、教师职业心理、教师职业发展等模块进行编写，系统地阐述了增强高校教师的职业能力途径和方法，是一部功能明确、简明易懂、贴近实际的教师职业手册，它对促进教师的职业发展有着重要的现实指导意义。

　　本书由陈寿灿主编，厉小军、金义明、余琛、马涛、范钧、叶立军、王任达等老师参与相关章节的编写工作，浙江工商大学出版社出版。由于编写时间仓促，书中难免存在错误，希望各位专家学者多提宝贵意见。

目　录

职 业 发 展 篇

职业素质篇

第一章 高校教师胜任素质模型

素质模型日益成为人力资源管理的基础。为某个岗位培养适合的人才，首先要进行岗位分析。高等教育的发展对于教师的素质要求越来越高。我们需要通过建立素质模型明确高校教师的素质要求，为高校教师的选拔、培训与开发、测评、绩效考核提供基础性的平台。

第一节 胜任素质理论介绍与回顾

一、胜任素质的基本概念

1973 年，戴维•麦克利兰（David Mcclelland）在美国《心理学家》杂志上发表了题为 Testing for Competence Rather than for Intelligence 的文章，提出用胜任素质取代传统的智力测量，强调从第一手材料入手，直接发掘那些能真正影响工作业绩的个人条件和行为特征，为提高组织绩效和促进个人事业成功做出实质性的贡献。这篇文章的发表，提出了胜任素质的概念，标志着胜任素质研究的开端，也为胜任素质理论的诞生奠定了基础，随后掀起了学者们对胜任素质研究的热潮。

19 世纪 80 年代，国外应用心理学界出现并开始盛行 competence（competences）和 competency 这两个术语，20 世纪末 21 世纪初，这两个术语被引入国内，国内学者一般将前者翻译为胜任力或胜任能力，将后者翻译为胜任资质或胜任素质。为了便于研究，本书将其统一称为胜任素质，并将按一定逻辑组合起来的多个胜任素质称为胜任素质模型。

以往研究对胜任素质的定义很多，本书对"胜任素质"给出以下定义：胜任素质是特指确保任职者能顺利完成任务或达到目标，并能区分绩优者和绩劣者之间潜在的、深层次的各种素质。

二、胜任素质的内涵

1. 通过剖析"胜任"一词的中文含义,本书认为,"胜任"表示的是对一项工作的卓越要求,而不是基本要求。因此,胜任素质最重要的内涵就是指绩效优秀者具备的素质。这是因为:

(1)从胜任素质的起源来看,Mcclelland 等教授在质疑智商学说的基础上,认为个人成就、绩效是由诸如"成就欲""韧性"等内在根本因素决定的。也就是说,"胜任素质"的产生是为了挖掘隐藏在个人成就、绩效背后深层次的因素,而不只是为了概括人们完成本职工作所应具备的素质。

(2)从研究的目的来看,在目前产学研不断紧密结合的年代,实践者的支持、拉动和推动是各种研究不断发展的动力和源泉。因此,要想让"胜任素质研究"得到发展,就必须获得实践界的支持。而实践者关注盈利、绩效、业绩、工作结果等,这些都来源于任职者不断完善自我、出色地完成任务、创造高绩效,因此,为了获得实践者的支持,为了使研究成果更有经济意义,"胜任素质"研究的应该是卓越的标准,而不是完成工作的基本要求。

2. 胜任素质是潜在的、深层次的特征。在早期的研究中,学者们之所以提出"胜任素质"这一概念,正是为了摆脱传统的智力和知识等测量尺度和方式的束缚,寻找更具特色的方式方法,去解释和说明由传统知识衡量和智商衡量解决不了的问题。因此,胜任素质不是指年龄、性别、相貌、知识等外显的因素。

3. 胜任素质必须是可以衡量和比较的,即把任何一个胜任素质指标拿出来放到不同人中进行评价,会发现在不同人身上有不同的结论,比如"成就欲"在不同人身上呈现高、中、低的特性。当然,实际上,所有素质特征都是可以衡量和比较的。在素质测评中,存在"一切皆可测量"的说法。正因为二次测量方法的存在,使得一切皆可测量。同时,素质认识要求能判别哪些是绩效优异的,哪些是绩效平平的,区分出表现较好和较差的个体或组织,因此,胜任素质应该具有可衡量性和可比较性。

4. "胜任素质"指的可以是一个特征指标,也可以是一组特征指标。在英文中,competence 或 competency 指的是一个特征指标,而 competences 或 competencies 指的是一组特征指标。在中文中,不区分单复数,

"胜任素质"可以表示一个特征指标,此时它与 competence 或 competency 相对应;也可以表示一组特征指标,此时它与 competences 或 competencies 相对应。

三、胜任素质模型的概念和内涵

根据胜任素质的定义,本书对"胜任素质模型"这一术语,提出了如下定义:

胜任素质模型是指采用科学的研究方法,以显著区分某类人员中绩效优秀与一般的员工为基础,寻求鉴别性胜任素质,经过反复比较分析,最终确立起来的与绩效高度相关的模型。

胜任素质模型的定义具有以下几层含义:

1.它反映了胜任素质的内涵,即胜任素质是区别绩效优异和绩效平平者的标志,是建立在卓越标准的基础之上的结构模式。

2.它说明胜任素质模型是在区别了员工绩效优异组和一般组的基础上,经过深入的调查研究和统计分析而建立起来的。建立胜任素质模型可采用 t 检验及回归、聚类等科学的数量分析方法。

3.胜任素质模型是一组结构化了的胜任素质指标,可以通过数学表达式或方程式表现出来,在这组方程中,各个因子是那些与绩效高度相关的胜任素质要素的有机集合。

第二节　高校教师胜任素质模型构建

一、高校教师胜任素质模型的含义

高校教师胜任素质模型,也称高校教师胜任力或教师胜任特征,是指能将高校教师岗位上有卓越成就者与表现平平者区分开来的个人潜在的、深层次特征,它包括动机、特质、自我形象、态度或价值观、某领域知识、认知或行为技能——任何可以被可靠测量或计数的并且能显著区分优秀与一般绩效的个体的特征。可见,胜任素质本身的含义与高校教师岗位相联系,便衍生出了高校教师胜任素质的概念。

随着高等教育中的建构主义重要性的不断提高,教学理念也发生了改变——从以老师为中心到以学生为中心,建构主义的核心原则是人作为主动学习者,学生可以有意识地根据自己的经历等积极进行知识构建,而老师的角色就是去推动这种知识构建的进程,而不是像过去那样简单地向学生"灌输"知识和信息。胜任素质作为绩效的关键预测因素,依赖于一定的环境情境、制度理念和工作活动。在高等教育中,教学环境通过课程的设计和制度理念以及学生的性质等对教师的胜任素质产生了影响(Kember,Kwan,2000)。Dineke 等(2004)提出教师胜任素质是指教师的人格特征、知识和在不同教学背景下所需要的教学技巧及教学态度的组合。与此相似,Gilis 等(2008)基于构建主义理念,从教学评估的用途出发,认为高校教师胜任素质是以学生为中心,是教师角色本身所要具备的专业态度、知识和技能的整合,是对教师实践的要求。刘先锋(2008)认为高校教师胜任素质,是指高校教师个体所具备的,与实施成功教学有关的专业知识、专业技能和专业价值观,它隶属于高校教师的个体特征,是高校教师成功教学的必要条件,也是高校教师教育机构的主要培养目标。蔡小军(2009)从高校办学的目的都是为社会提供所需要的发展性人才出发,认为高校教师胜任素质是与教书育人或科研成果直接相关联的专业知识与能力、工作动机、自我形象、社会角色或个人特质,是个体在教育教学或科研工作中成功采取行动的决定性因素。

纵观以往的关于高校教师胜任素质的界定,国内外的学者们都注重教师的专业知识、专业态度和技能等方面的胜任素质,而因为他们研究目的的差异性,如基于学校的战略发展、用于招聘和评估或者用于培训等,他们关注的具体内容又会存在差异,如基于选拔的内容最好是动机和特质,基于培训和开发的内容最好是知识、技能,而在绩效评价中则评价胜任特征素质(仲理峰、时勘,2003)。

二、高校教师胜任素质模型构建方法

关于高校教师胜任模型的构建方法,主要有理论分析法(如刘立刚,2001)、德尔菲法(如 Dineke,2004)、专家-新手研究法(如连蓉,2004)、测验编制法(王昱、戴良铁、熊科,2006)、现象学方法(如张景焕,2005)和行为事件访谈法(如谢晔、周军,2010)等。其中最常用的方法有行为事件访谈法、德尔菲法和问卷调查法。

行为事件访谈法是关键事件法和主题统觉测验的结合(McClelland,

1973)。这种方法是一种开放式的行为回顾式探索技术,通过对访谈对象的深入持续访谈,收集绩优者群体和成绩平平群体在任职期间所做的成功和不成功的事件描述,挖掘出影响目标岗位绩效的细节行为。之后对收集到的具体事件和行为进行汇总、分析、编码,然后在不同的被访谈群体之间进行对比,最终找出具体的胜任素质。行为事件访谈法虽然被认为是构建胜任特征模型很有效的方法(牛端,2009),但是行为事件访谈是一种开发式的沟通过程,这要求提问者有很强的访谈技术和分析技术,另外该方法对校标样本的要求颇高。总而言之,该技术虽然备受推崇,但是其操作的复杂性以及效度很难把握。

三、研究回顾:高校教师胜任素质模型研究

1.国外研究现状

Danielson 等人(1996)认为教师胜任素质模型有四个维度,即计划与准备、教师环境监控、教学、专业责任感。计划与准备指内容知识和教学方法的准备,包括了解学生、选择教学目标、教学资料的准备、教学连贯性设计、对学生学习评估;教师环境监控指创建尊重和融洽的环境,包括建立学习氛围、管理课堂秩序、管理学生的行为、管理物理环境;教学包括准确的沟通、善于提问和讨论技术、鼓励学生学习、向学生提供反馈、灵活性和有同理心;专业责任感包括教学反思、保持准确的记录、与家长沟通、贡献于学校和地区、专业的成长和发展、显示自己的专业性。Bisschoff 和Grobler 等人(1998)设计了一个结构化的问卷,包含 108 项内容,对 1256名教师的 8 项胜任素质(学习环境、教师的专业承诺、纪律性、教师的教育基金会、教师反思及合作能力和有效性和教师的领导风格)进行因子分析,数据最终显示两个因素:一是教育的能力;二是协作能力。Korthagen(2004)总结一个优秀的老师的必备条件,他认为教师的胜任素质模型一共有五层,由表层向里层,层层深入,其中最外层是关于环境的(课堂上、学生、学校)行为,是可以直接观察到的行为特征等;第二层是一般胜任素质(包括知识、技能和态度),他们对行为有一定的预测作用,但是不是行为本身,并且指出,这些胜任素质是否能够付诸实践取决于环境的刺激;里面三层属于个体潜在的特征,包括对教与学的信仰、自我身份和使命。Dineke 等(2004)提倡以学生为中心的教学理念,提出了教师胜任素质五

维度模型:一是作为教师的人,教师的人格方面是教师的专业身份(他/她怎样看待教师),他/她对于教学的信仰和教师的教学参与的理解,个人的一些特性如心理特征、对沮丧和急躁的控制能力,对教师是非常重要的。二是作为专家的知识体系,教师利用他/她的内容知识来鼓励学生学习和从学生的角度来考虑问题。三是教学进程的促进者,包括三个子类:设计师、顾问和对教学的评估,其中设计师设计能够鼓励学生的主动性的教学资料,以及鼓励他们逐渐能够独立地去学习;顾问是关注为学生提供建议和反馈等;而对教学的评估不仅包括对学生的评估,也包括对同事的评估。四是组织者,包括教师如何与同事合作以及如何安排自己的工作。五是学者或者终身学习者,包括教师的专业发展和科研技能。该模型利用德尔菲法进行了验证。Gilis 等(2008)通过对来自比利时不同机构的高校教师的半结构化深度访谈,得出教师的胜任素质模型是职业态度、知识及技能的集合。在以学生为中心的教学理念下,教师对教育的态度是:自觉、自愿并勇于进行教学改革,不断反思自己的教学方法,批判性地评估现有教学方法,并努力完善,能够积极应对教学过程中的突发事件;教师对学生的态度:敞开心扉、充满激情,从学生的角度出发判断问题及准备教案,放手让学生自己获取知识,当好教练,尊重学生,平等、坦诚地与学生进行交流(吕志风等,2010)。

2.国内研究现状

姚蓉(2008)采用问卷调查法和统计方法,对高校教师的胜任素质因素进行了研究,并在此基础上构建出能对高校教师胜任素质进行量化分析的模型,该模型包括七个维度:

(1)个性特征:责任心、自信心、正直诚实、稳定的情绪、自我评价、敏锐性、意志力、乐观;

(2)发展特征:进取心、自我发展、创新能力、学习能力、信息收集能力;

(3)工作态度:正确的职业价值观、奉献精神、有耐心、热爱教学、课程熟练程度;

(4)教学技能:表达能力、课件制作水平、课堂驾驭能力、实践能力;

(5)专业技能:专业知识储备、科研能力;

(6)关注学生:理解和尊重学生、关爱学生、对学生负责;

（7）人际沟通：团队合作、倾听能力、协调能力、善于沟通、有亲和力及宽容性。

谢晔、周军（2010）采用问卷调查和关键行为事件访谈相结合的方法进行研究，认为民办高校教师胜任素质模型包括知识素质、能力素质、服务素质、人格特质和情感特征等五大胜任素质特征群，其中知识素质包括专业理论知识、专业实践知识和教育理论知识；能力素质包括课堂教学能力、课堂管理能力和学习能力；服务素质包括敬业精神、尊重关爱学生和责任感。人格特质包括自我认同、自我激励和教学效能感；情感特征包括宽容、情绪稳定和挫折容忍。陈斌、刘轩（2011）在总结国内外高校教师胜任素质研究的基础上，根据职业类院校的自身特点编制高职院校教师胜任素质调查问卷，并运用此问卷调查苏州7所职业类院校的397名教师。最后采用探索性因素分析和结构方程建模的方法验证高职院校教师胜任素质的模型。结果表明，高职院校教师胜任素质结构包括能力技能因素、个性特征因素和工作态度因素三个因素。其中能力技能因素主要指教师具有解决企业实际问题的技能，能够进行科学研究，产生较高质量的研究成果，能够对学生进行有效的组织管理，把知识和理论较好地传授给学生并指导学生学习。个性特征主要指教师具有比较好的情绪稳定性，情绪不容易受别人影响和干扰，在工作中积极主动，能够宽以待人，不斤斤计较，喜欢参与团体活动，并能很好地与他人相处，接纳他人。工作态度因素主要指教师在工作中有责任感和使命感，对工作认真负责，乐于奉献，愿意在工作中投入时间和精力，能始终把工作放在首位。王林雪、郑莉莉、杜跃平（2012）以研究型大学教师为研究对象，通过探讨研究型大学教师胜任素质维度要素，建立了研究型大学教师胜任素质模型。研究型大学教师胜任素质模型应包括个人特质、科学研究、人际沟通、个人品质、主动奉献五个维度。严尧（2013）通过行为事件访谈法与问卷调查相结合的方式，获得高校教师胜任素质模型的各项指标，认为高校教师胜任素质侧重于以下几个方面：高校教师的知识，包含学科基础知识、学科前沿发展知识、教育理论知识等；教学技能，主要包括教学设计、课堂教学、作业批改和课后辅导、教学评价、教学研究；职业态度，合格的高校教师应当具备以下素质：热爱教学、治学严谨、诚实正直、尊重他人；动机主要包含自信、目标明确、社会责任感、奉献精神。其中尤以学科前沿发展知识、课堂教学、热爱教学、治学严谨、诚实正直、自信、目标明确、社会责任感、奉献精神、身体健康等具体特征最为重要。

四、评价与展望

1.研究方法缺乏系统性

从现有的高校教师胜任素质模型的研究来看,大多数采用的是单一的研究方法,需要在分析现有研究方法优劣的基础上,合理整合多种方法来构建高校教师胜任素质模型或者借用其他相关工具来完善模型的构建(徐智华、葛俏君、甘杰,2012)。例如卢三妹、朱石燕(2012)综合运用问卷调查、专家访谈和行为事件访谈法来构建体育教师的胜任素质模型,通过对教师和学生不同群体的问卷调查,收集到大量的信息,弥补行为事件访谈法样本量小的缺陷,而行为事件访谈法的运用,也弥补了问卷调查信息收集的广度和深度受到限制的缺陷。

2.尚需拓展模型研究内容的宽度和深度

胜任素质模型在高等教育中的发展应该拓展其研究的广度,高等学校指综合性的提供教学和研究条件、授权颁发学位的高等教育机构。从学历上讲,包括专科、本科、硕士研究生、博士研究生。但是每一个群体所面临的教学环境以及学生都是有差异的,如专科学校中对教师的知识和技能可能就不如本科院校的要求高,通用型的胜任素质模型可能不适合具体类别的院校,也就是说,建议划分出高校类别,具体分析教师胜任素质模型。

另外,胜任素质模型不是一成不变的,会随着教学理念等的变化而有所不同,需要根据社会发展的需要,定期修正和完善。因此,不同文化背景下,高校教师胜任素质模型是否具有差异以及具有什么样的差异,这也是值得进一步研究的。

3.扩展研究对象

高校教师的工作一般是教学和科研,尤其是纵向课题,科研成果往往是以团队的形式出现。从现有的胜任素质模型研究来看,大部分研究都是对教师个体单一的研究,往往没有涉及高校中以团队或者组织为单位的胜任素质模型的研究,对高校团队胜任素质模型的研究将进一步完善对高校教师胜任素质的研究,并且有很强的现实意义。

4.缺乏对现有模型的应用

目前国外对胜任素质模型的研究已经有 30 年的历史,高校教师胜任素质模型在 20 世纪 90 年代得到广泛的研究,获得了相当丰富的研究成果。2006 年,国内开始注重胜任素质模型在教育领域的理论发展,但是应该看到,胜任素质模型的建立最终是要用在诸如招聘、培训、绩效考核等人力资源管理实践方面,也就是说最终服务于现实。但是现有的研究大多停留在理论层面,因此,我们在建立胜任素质模型时要立足于现实的需要,使模型与高校的人力资源管理体系环环相扣,更好地服务于高校。现有的研究成果特别是中国的研究成果大都太过于注重细节,而不同类型的高校发展理念以及发展目标有所不同,利用胜任素质模型进行学校人力资源的规划、招聘、培训、绩效以及薪酬制度等活动时,有自己的思考和侧重点,而现有的(特别是中国的)高校胜任素质模型对胜任素质过于细化,缺乏对具体学校应用之时应有的指导意义。所以未来关于高校特别是通用胜任素质模型的构建和描述建议不要太笼统,但是也不能太过详细,要增加其灵活性。

五、教师胜任素质模型的构建

1.研究目的

本研究旨在通过文献回顾、行为事件、问卷调查等方法,构建高校教师胜任素质模型。该项研究对于高校师资队伍的建设能够起到重大作用。具体表现在以下几个方面:

(1)人员规划。教师胜任素质模型构建的意义主要体现在工作岗位分析中。传统的工作岗位分析较为注重工作的组成要素,而教师胜任素质模型的构建则研究工作绩效优异的教师与一般的教师之间的差异,结合优秀教师的特征和行为,定义出教师这一工作岗位的职责内容,它具有更强的工作绩效预测性,能够更有效地为选拔、培训员工以及为员工的职业生涯规划、奖励、薪酬设计提供参考标准。

具体而言,教师胜任素质模型的构建具有以下意义:第一,教师胜任素质模型可以引导工作分析的价值导向,实现从任务型到结果型的转化,即从强调过程转化为强调结果,其原因在于,胜任特征是以绩效为标准测量的;第二,岗位胜任特征总是与组织文化和战略目标相连接的,所以在实施工作分析时引入胜任特征,可以补充传统工作分析仅仅局限于与岗位短期匹配的缺陷;第三,教师胜任素质模型的构建用优秀员工的行为作为衡量标准,这使得工作分析更具体,更有目标性。

(2)教师招聘。在这一过程中,教师胜任素质模型的构建尤为重要。第一,岗位胜任特征的出现,改变了传统的招聘选拔模式,扭转了过于注重应聘者的知识、技能、学历等外显特征,使得教师的核心动机和自身特质逐步成为招聘选拔的重点。第二,教师胜任素质模型的引入解决了测评小组或面试官择人导向不一甚至与组织文化冲突的问题,同时保证了甄选出的教师是符合学校和岗位要求,并能有效进行高绩效水平工作的人才。第三,基于教师胜任素质模型的人员招聘机制建立在学校发展愿景、学校价值观和工作分析评价的基础之上,注重教师、岗位、学校三者之间的动态匹配,招聘到的教师是能胜任该岗位工作的人才,教师与学校之间所确立的关系,是劳动契约和心理契约双重的契约关系。

(3)培训开发。教师胜任素质模型的建立,为促进学校人才培训开发体系的构建和完善提供了重要的依据,它将使学校培训工作更加具有系统性、科学性、规范性和实用性。具体意义如下:

①岗位胜任特征改变了以往知识、技能培训一统天下的格局,使得教师潜能、品质和个性特征的培养也跻身于培训行列。

②基于教师胜任素质模型的研究,针对岗位要求,结合现有师资队伍的素质状况,为教师量身定做培训计划,帮助教师弥补自身"短木板"的不足,有的放矢地突出培训的重点,省去分析培训需求的烦琐步骤,杜绝不合理的培训开支,提高培训的效率,取得更好的培训效果,进一步开发教师的潜力,为学校创造更多的效益。

③教师胜任素质模型的研究有利于职业生涯管理。第一,教师胜任素质模型研究使学校可以比较清晰地了解各个教师的特质,并根据每个教师特质的不同给他们进行定位和培养。第二,教师胜任素质模型的研究使得教师可以根据个体特质与岗位胜任特征的匹配,对自己的职业生涯做规划。因此,胜任特征的研究加深了学校和教师之间的理解和了解,促进了他们之间的双赢。

(4)绩效管理。胜任特征模型的建立为确立绩效考评指标体系提供了必要的前提。从理论上看,绩效是多种要素交互作用的结果,绩效具有多因性、多维性和动态性;从实践上看,监测教师的绩效,只有从潜力、过程和结果等三个方面进行系统的考核评价,才能真实地反映出教师以及学术团队的实际绩效的状况和水平。胜任特征模型的建立为完善绩效考评管理体系提供了可靠的保障。由于教师胜任素质模型是对学校在职教师中绩效优异者及其成功行为事件所做出的系统总结和高度概括,它从更深的层面上挖掘了教师获得事业成功的奥妙,揭示教师顺利、有效地完成本岗位工作应当必备的素质和能力要求。可以说,教师胜任素质模型是增强学校核心竞争力、保持学校持续发展的动力源。

总之,无论对教师个人来说,还是对学校来说,教师胜任素质模型都是一面镜子、一把尺子,可以进行相互检测、自我评价。不但在日常的管理工作中能够帮助完善教师绩效考评指标和标准,还可以在总体上注重长期培训开发战略规划的制订,指导各位教师从学校发展的要求出发,结合自身的优势和特点制订职业生涯规划,进一步健全和完善学校绩效考评管理体系,从而为教师创造素质增值的机会,真正实现学校与教师的共同发展。

2.研究过程

(1)定义绩效标准。绩效标准可以采用工作岗位分析和专家小组讨论的办法来确定。即运用工作分析的各种工具与方法明确工作岗位的具体要求,提炼出能够鉴别业绩优秀的员工与业绩一般的员工的标准。在此,我们采用了访谈浙江工商大学教师的方法。在本书的第八章,提到了职业成功的界定方法。根据这一结果,我们将以下这四项作为绩效标准:①工作得心应手、顺心、顺利,获得自我满足感、成就感;②深受学生喜爱和欢迎;③工作中体验到快乐;④获得同行的认可和尊重。

(2)选取分析效标样本。研究样本一共是 152 名教师,其中,65% 是绩效优秀的教师,35% 是绩效一般的教师。这 152 名教师的年龄、学历、职称、在岗时间等情况如表 1-1:

表 1-1　样本概括

项目	构成	绝对数	比例
年龄	30 岁以下		
	31—35 岁		
	36—45 岁		
	46 岁及以上		
学历	本科		
	硕士		
	博士		
职称	初级		
	中级		
	副高		
	正高		
在校工作时间			
上年度考核结果			

对这些效标样本胜任素质的评价,采用同事评价法,由一个最熟悉自己的同事评价,这样做可以避免自我评价的误差。

(3)获取效标样本有关胜任特征的数据资料。该步骤采用问卷调查法。根据前人研究,我们总结出了 11 项胜任素质,见表 1-2。

表 1-2　胜任素质模型

观察点	胜任素质名称
善于发现新问题,经常有新的科研成果或者经常用新方法解决工作中的问题	创新能力
经常给自己设立挑战性工作目标,永不知足,精益求精,为自己的目标不懈努力	成就动机
几乎没有休息时间,全部时间都花在工作上,经常熬夜	热爱工作
总能与周围人处好关系,与上级及其他相关部门人员都有良好的人际关系	人际关系
非常关爱学生,对待学生很有耐心,愿意为学生牺牲自己的休息时间,主动与学生交流	关爱学生

观察点	胜任素质名称
满意目前的工作,享受自由,喜欢自己的职业,从来没有听到他抱怨职业本身的特性	职业偏好
喜欢与他人一起工作,对合作者和蔼,愿意为团队多干工作而无怨言	团队合作
专业知识扎实,并且不断学习,专业知识不断更新	专业知识
能将个人的行为调整到与组织的需求、重要决定、目标一致,在行动上满足组织需要,比如重视学校的考核,自觉按照学校要求完成	组织忠诚
为人踏实,一身正气,正派正直,不投机取巧	作风严谨
教学设计良好,积极自觉改善,课堂教学注重效果和互动,作业批改和课后辅导很认真尽职;积极主动进行教学研究,有教学研究成果发表	教学技能
具有比较好的情绪稳定性,情绪不容易受别人影响和干扰,在工作中积极主动,能够宽以待人,不斤斤计较,喜欢参与团体活动,并能很好地与他人相处,接纳他人	个性特征

要求被调查的教师对研究样本进行评价。依据个人的想法,请他在相应的数字上打√,表达您赞同(或符合您的想法)的程度。①非常不同意,②不太同意,③无法判断或者是一般,④同意,⑤非常同意。

(4)采用定量分析方法,建立胜任特征模型。

①要求被调查的老师对优秀组与普通组在各指标上进行打分,从1～5给指标打分,将各位被调查者对152名教师的打分结果进行整理,并录入计算机中,将打分数据导入SPSS软件中。如表1-3所示。

表1-3　专家评分的打分数据表

编号	创新能力	成就动机	组织忠诚	……
001	5	5	2	……
002	4	3	3	……
……	……	……	……	……

②T检验分析。利用SPSS软件里T检验功能,可以很轻松地得到T检验分析结果,以SPSS11.5版为例,导入数据以后,在数据表的最右端加一列变量——"分组"变量,并按照优秀与否分别赋予数值1或2,此列数据为35个1,65个2,再点击"Analyze"菜单,将鼠标移动到"Compare

Means"项,选择"Independent-Samples T Test",将 11 项胜任特征的指标变量添加到"Test Variable(s)",将分组变量添加到"Grouping variable(s)",点击"Define Groups",在 Group 1 与 Group 2 中输入分组变量 1、2,然后点击"continue",回到"Independent-Samples T Test"界面,点击"ok",计算机就自动弹出结果了。

T 检验的结果,最主要的是看"Independent Samples Test",先看第二列的 F 检验,如果 F-sig 不显著,则看 T 检验的第一个结果 T-sig(与 F 检验同一行),如果 F-sig 显著,则看 T 检验的第二个结果(在 F 检验的下一行)。

独立样本 T 检验解决了比较两个组在特定指标上数值(均值)差异的问题,适合于胜任特征研究中优秀组与一般组胜任特征指标的比较,简便易行。使用独立样本 T 检验法的先决条件是需要有两组员工胜任特征指标的量化数据。

根据结果显示,人际关系和团队协作,不是属于具有鉴别作用的胜任素质。而其他九项胜任素质,均具有鉴别作用,也就是说,优秀组与普通组在这方面的素质上存在显著性差异。

为进一步考察各项胜任素质的重要性,我们接着进行了相关分析,结果显示:教学技能和个性特征与职业成功的相关性是最高的。

3.研究结果

按建立思路的不同,胜任素质模型可以分为层级式模型、簇型模型、盒型模型和锚型模型。

(1)层级式模型。该模型是先收集数据,找出某个岗位或职业的关键胜任特征,然后对每一个胜任特征用一个行为进行描述,根据每个胜任特征的相对重要程度进行排序,并确定每一个胜任特征的排名和重要性。这种模型对于识别某个胜任水平的工作要求或角色要求来说是很有用的,而且,还有助于人与工作更好地匹配。

(2)簇型模型。在确定了某岗位或职业的胜任特征维度后,对每个大的胜任特征维度用几个方面的行为进行描述。如"创新性"是一个大的胜任特征维度,关于这个胜任特征的行为描述可能包括:"寻找新的工作方式""尝试新的程序、流程、技术""总是尽量寻找以更少的资源获得有效的工作成果,完成工作任务""冒险"等。这种模型中不列出各胜任特征的相对重要程度,比较适合于掌握一个工作或职业群体的信息,也就是说,它关注一个职业群体的胜任特征,推广性较好。

(3)盒型模型。针对一个胜任特征,左边注明该胜任特征的内涵,右边则写出相应的出色的绩效行为。盒型胜任特征模型主要用于绩效管理中。

(4)锚型模型。分别对每个胜任特征维度给出一个基本定义,同时,对每个胜任特征的不同水平层次给出相应的行为锚。这种模型的操作类似建立编码辞典,但是和编码辞典不同的是,它产生于最后一个环节,实用性强,适用于具体的工作模块,如培训和发展需求评价等。

基于以上四种类型胜任素质模型的不同功能和作用,在本研究中,我们采用第一种,即层级式的胜任特征模型。

最后,我们得出浙江工商大学教师的胜任素质模型如下:

表 1-4　教师胜任素质模型

胜任素质名称	行为描述	内涵	重要性排序
教学技能	教学设计良好,积极自觉改善,课堂教学注重效果和互动,作业批改和课后辅导认真尽职;积极主动进行教学研究,有教学研究成果发表。	是指教师运用已有的教学理论知识,通过练习而形成的稳固、复杂的教学行为系统。它既包括在教学理论基础上,按照一定方式进行反复练习或由于模仿而形成的初级教学技能,也包括在教学理论基础上因多次练习而形成的,达到自动化水平的高级教学技能,即教学技巧。	1
个性特征	具有比较好的情绪稳定性,情绪不容易受别人影响和干扰,在工作中积极主动,能够宽以待人,不斤斤计较,喜欢参与团体活动,并能很好地与他人相处,接纳他人。	是指教师在教学活动以及其他社会实践活动中所表现出来的气质、兴趣、爱好、能力、行为模式、价值观等品质的心理倾向。	2
热爱学生	非常关爱学生,对待学生很有耐心,愿意为学生牺牲自己的休息时间,主动与学生交流。	是指教师在教学活动以及其他社会实践活动中所表现出来的对待学生的热情、关心,富有责任感、尊重等富有情感的行为和德行。	3

胜任素质名称	行为描述	内涵	重要性排序
成就动机	经常给自己设立挑战性工作目标，永不知足，精益求精，为自己的目标不懈努力。	是指教师在教学活动以及其他社会实践活动中所表现出来的追求教学科研等教育工作的价值，并使之达到完美状态的动机，即一种以高标准要求自己并力求取得活动成功的动机。	4
热爱工作	几乎没有休息时间，全部时间都花在工作上，甚至经常熬夜。对工作没有怨言。	是指教师在教学活动以及其他社会实践活动中所表现出来的对工作的时刻关注、想着工作的快乐，为工作而努力的一种德行和习惯思维。	5
组织忠诚	能将个人的行为调整到与组织的需求、重要决定、目标一致，在行动上满足组织需要，比如重视学校的考核，自觉按照学校要求完成。	是指教师在教学活动以及其他社会实践活动中所表现出来的对学校的声望维护、不离不弃的忠实状态。	6
职业偏好	满意目前的工作，享受自由，喜欢自己的职业，从来没有听到他报怨职业本身的特性。	是指教师在教学活动以及其他社会实践活动中所表现出来的对教师这种职业的满意，自愿克服职业中遇到的困难、挫折的行为。	7
专业知识	专业知识扎实，并且不断学习，专业知识不断更新。	教师对在教学中所需要的自己专攻领域内的基础知识、基本原理、基本理论的掌握程度。	8
作风严谨	为人踏实，一身正气，正派正直，不投机取巧。	教师在教学活动和其他社会实践活动中表现出来的对一切工作都认真、负责的态度，一丝不苟、精益求精的精神和行为。	9

第二章 高校教师职业道德修养

第一节 高校教师的职业道德

一、道德

道德是道理和德行的合称，它源于拉丁语，意指风尚、习俗。《论语》中讲"志于道，根于德"，《孟子》中讲"尊德贵道"，都是指道德，它是指依靠社会舆论、传统伦理习俗和人们内心信念来维系调整人与人之间，以及个人与社会之间关系的思想行为规范或准则。道德的中心内容是如何处理个人同他人、个人同社会集体之间的利益关系，道德在社会发展中有论证作用、教育作用、调节作用和认识作用。

二、职业道德

职业道德，被普遍认为是从事一种职业的人士应该遵守的道德规范。在职业上不能用不正当的手法去谋取利益，不接受不应接受的利益，不能泄露工作上的秘密，在面对雇主或上司不合理要求时，必须本着良知拒绝。面对欠缺职业道德的个案，应该予以制裁。

职业道德的含义包括以下五个方面：

1.职业道德是一种职业规范，受社会普遍认可。职业道德不是领导的要求，也不仅仅是所在组织的要求，其实是一种被社会所认可的规范，是不以某个人的意志为转移的。

2.职业道德是长期以来自然形成的。职业道德是经过时间的考验的，不是一朝一夕形成的，不是依靠颁布法令或规定形成的。

3.职业道德没有确定形式，通常体现为观念、习惯、信念等。职业道德是精神层面的,是看不见的,不能用法律规定,不能写在书面上。当发生某件事情的时候,我们可以看出个体是否遵循了职业道德。职业道德不能在劳动合同中,而只能在每个人的心中。

4.职业道德依靠文化、内心信念和习惯,通过员工的自律实现。职业道德具有明显的文化特征。在不同的国家,相同行为,其职业道德的约束可以完全不同。比如,在有些国家实行一夫多妻制,一个男子娶几个女子的行为是很正常的。而在一夫一妻制的国家,一个男子与多名女子保持关系,常常遭到谴责。所以,职业道德与文化是密切相关的。正如前文所说,职业道德不能写在劳动合同中,甚至也不能写在员工手册中,而只能是依靠员工个体自律执行。

5.职业道德大多没有实质的约束力和强制力。违背职业道德的行为,往往不能像违反法律行为那样遭到强制执行的惩罚。违背职业道德往往遭到社会舆论的谴责,间接影响违背者的工作、前途,在心理层面上进行惩罚。

6.职业道德具有动态演变特点。职业道德涉及人们内心深处的信念、习惯,是比较稳定的。但是,世间万事万物无不处于运动变化中。在历史的长河中,职业道德并不是一成不变的。随着时代的变迁,岁月的流逝,人们心目中的信念、习惯也会发生变化。当然,职业道德尽管具有动态演变的特点,但不能忽略其具有稳定的特征。职业道德中有的内容是不会发生变化的,是稳定的。比如下级服从上级、以组织利益为重、上班不迟到、遵守商业秘密等,历来都是要遵守的,想必将来也是不会变化的。

三、职业道德的作用

职业道德是社会道德体系的重要组成部分,它一方面具有社会道德的一般作用,另一方面又具有自身的特殊作用,具体表现在:

1.调节职业交往中从业人员内部以及从业人员与服务对象间的关系

职业道德的基本职能是调节职能。它一方面可以调节从业人员内部的关系,即运用职业道德规范约束职业内部人员的行为,促进职业内部人员的团结与合作。如职业道德规范要求各行各业的从业人员都要团结、互助、爱岗、敬业,齐心协力地为本行业、本职业服务。另一方面,职业道德又可以调节从业人员和服务对象之间的关系。如职业道德规定了制造产品的工人要怎样对用户负责,营销人员怎样对顾客负责,医生怎样对病人负责,教师怎样对学生负责,等等。

2.有助于维护和提高本行业的信誉

一个行业、一个企业的信誉,也就是它们的形象、信用和声誉,是指企业及其产品与服务在社会公众中的信任程度,提高企业的信誉主要靠产品的质量和服务质量,而从业人员职业道德水平高是产品质量和服务质量的有效保证。若从业人员职业道德水平不高,很难生产出优质的产品和提供优质的服务。这就是很多企业要求从业人员具备一定的职业道德的原因。

3.促进本行业的发展

行业、企业的发展有赖于高的经济效益,而高的经济效益源于高的员工素质。员工素质主要包含知识、能力、责任心三个方面,其中责任心是最重要的。而职业道德水平高的从业人员其责任心是极强的,职业道德在很大程度上是责任心在职业领域中的体现。因此,职业道德能促进本行业的发展。

4.有助于提高全社会的道德水平

职业道德是整个社会道德的主要内容。职业道德一方面涉及每个从业者如何对待职业,如何对待工作,同时也是一个从业人员的生活态度、价值观念的表现。另一方面,职业道德也是一个职业集体甚至一个行业全体人员的行为表现,如果每个行业、每个职业集体都具备优良的道德,对整个社会道德水平的提高肯定会发挥重要作用。

四、师德方面存在的问题

从高校师德状况来看,其整体素质和主流是好的。他们学历层次高,知识视野广、思维活跃,在接受新知识、运用新技术的能力方面有着明显的优势,而且他们中一大批人爱岗敬业,乐于教书育人,为人师表,在教学、科研、管理方面承担着重要的工作。其中一大批思想素质好、业务能力强、学术水平高的优秀青年教师脱颖而出,成为学科带头人和学术骨干,他们是高校发展的希望所在。但是,由于高校教师处在社会大变革年代,他们的思想观念、利益结构、行为方式以及相应的心理状态都发生了较为深刻的变化,导致师德状况不容乐观。某大学在对师生的问卷调查

"你认为教师教学质量不好的主要原因"的反馈中,认为"责任心不强"占39％。这说明在某些教师身上,教书育人的责任心还存在着不尽如人意的地方。如不及时采取相应对策,将会影响教师的健康成长,更不利于高校的发展。在青年教师师德建设中,责任心的弱化可归纳为五个"缺乏"。一是缺乏爱岗敬业精神。部分教师受经济利益驱动,重实惠,轻事业;重个人,轻集体。对本职工作不负责任,教学工作投入的精力和时间明显不足,备课不认真,上课照本宣科,对于学生爱听还是不爱听、课堂纪律如何、作业是否完成等一概不管,放任自流,在学生中造成不良影响。二是缺乏教书育人意识。在部分青年教师中存在着重教学、轻育人的现象。他们只满足完成课堂教学任务,上完课就走人,很少与学生沟通交流,对学生的思想状况和道德品质漠不关心,对学生缺少应有的爱心,只晓得"授业"却忘记了自己"传道""解惑"之责。三是缺乏为人师表的角色意识。部分教师因缺乏完善的师德修养,不能很好地把握教师角色应有的人格风范,在工作作风和言谈举止方面难以成为学生的表率。2012年7月,有媒体以"湖南一高校女生被逼裸考"为题报道了南华大学一名监考的男老师强制要求多名女学生暴露隐私部位参加考试一事,引起社会各界的高度关注。南华大学公布调查结果,证实该教师违规组织考试,撤销其党支部书记职务,并调离教学岗位,同时报请湖南省教育厅撤销其高等学校教师资格。有的教师教育纪律观念淡薄,要求学生遵守纪律,而自己上课却迟到早退,备课不认真,随意调课。少数教师甚至将一些不健康的思想行为带给学生,流露消极心态和情绪,对学生产生不良的影响。四是缺乏严谨的治学态度和实事求是的精神。有的青年教师平时对学生管理不严,任由课堂秩序混乱;甚至有极少数教师接受学生"心意",考试送"感情分""礼物分"等,败坏了学风、教风和考风。更严重的是为了满足自己的私利或迎合某些人的私欲需要,弄虚作假,骗取名利。典型案例有:某高校一位副教授被曝剽窃论文。该校共核查了该教师及其所在研究室相关人员涉嫌学术道德问题的论文20篇,其中该教师涉及8篇。事发后,这名教师被撤销副教授职务和任职资格,并被开除出教师队伍。五是缺乏坚定的理想信念。有的教师受西方思潮的影响,在理想信念方面出现困惑,产生模糊认识和错误观点,甚至在课堂上发表错误言论误导学生,不能引导学生树立正确的世界观、人生观和价值观。

五、加强教师职业道德修养的必要性

1.是实现教育目标的需要

教育劳动的本质是开发人的智慧、生产人的劳动能力、提高劳动者的质量、发展知识形态上的生产力。对于教师的教育劳动来说，采用道德手段建立道德关系、提高自己的道德水平、改善自己的道德面貌是改善教育劳动的必要条件，是教育劳动的重要组成部分。教师要完成教育使命，实现教育目标，就是要教书育人，而能否自觉地做到教书育人，是衡量教师道德水平高低的重要标志。

2.是教育要适应三个面向的需要

邓小平同志曾说，我们的现代化建设必须要有一支浩浩荡荡的工人阶级的又红又专的科学技术大军，要有一大批世界第一流的科学家、工程技术专家。而造就这样的一支队伍，正是摆在新时期教育事业面前的一项首要任务。一个学校能不能为社会主义建设培养合格的人才，培养德智体全面发展、有社会主义觉悟的、有文化的劳动者，关键在教师。只有有了面向现代化的教师，才会有面向现代化的教育，才能培养出面向现代化的人才。三个面向，对教师素质包括教师职业道德素质提出了更高的要求。

3.是实施素质教育的需要

教师教育学生一靠真理的力量，二靠人格的力量。实施素质教育就是要面向全体学生。全面提高学生的素质，不仅是提高学生的科学文化素质，而且要提高学生的思想道德素质。教师的道德水平直接关系到学生的道德素质，只有职业道德素质高的教师才能培养出高素质的学生。

4.是教育适应社会主义市场经济体制的需要

首先，由于市场经济对教育产生的一些负面影响，如社会分配不公的出现、经商浪潮对教育的冲击，影响教师的教学积极性。一些教师重金钱轻事业，敬业精神下降，或者把主要精力放在第二职业上。思想道德素质有所下降，对国家前途命运漠不关心。不仅不能引导学生树立正确的人生观、价值观，还直接影响了学生崇高理想的培育，从而有必要加强教师职业道德建设。其次，市场经济是一种竞争经济，市场看重的是质量，学生的培养质量关系到学校的地位和发展，学校只有培养出社会需要的德才兼备的毕业生,才能得到社会的认可,促进学校的发展。

5. 是适应知识经济时代的需要

知识经济是以智力为主要资源和以知识为基础的经济,作为最重要的资源迎接知识经济时代的机遇和挑战,就要有充分的准备。知识经济时代最重要的就是人才的准备,只有提高人的素质才能适应知识经济时代的要求。知识经济时代是真正以人为本的时代,人在其中具有核心地位并发挥关键作用。在知识经济时代,知识产权十分重要,这就要求人有高尚的职业道德,尊重知识产权。否则,将使知识界处于一种混乱状态。

6. 是教育可持续发展的需要

高等教育要实现可持续发展就要不断提高教育质量,不断提高教师的学术水平和师德水平。

六、高校教师的职业道德

职业道德是从事某一职业的人所必须共同具备的品德,它是各个行业从实践中总结出来的行为准则和规范。恩格斯曾经说过:实际上,每一阶级,甚至是每一个行业,都有各自的道德(《马克思恩格斯选集》第 4 卷第 236 页)。教师是崇高的职业,也是特殊的职业。教师的劳动对象、劳动工具、劳动成果都是活生生的人,所以教师职业有其特殊性。同时,教师肩负着为社会主义事业培养高素质建设者和接班人的重要责任。因此,其职业道德无疑应该具有更高的标准和更严格的约束力,并且它对教育过程的影响作用是非常巨大的。高校教师的职业道德,狭义的是指教师和一切教育工作者在从事教育活动中必须遵守的道德规范和行为准则,以及与之相适应的道德观念、情操和品质。包含了教师的职业理想、职业责任、职业态度、职业纪律、职业技能、职业良心、职业作风、职业荣誉等内容。广义的师德不仅仅包括职业道德层次,还应当包括世界观、人生观、价值观、政治立场和态度、法纪观念和行为等,这也是社会道德体系的重要组成部分。教师职业道德简称师德,它不仅限于教育活动的需要,也是社会的公民和先进分子应具备的素质。

高校教师职业道德具有以下特点:

1. 典范性

教师职业的特点和性质,决定教师经常处于为人师表的地位,为"师"

要有渊博的知识,为"表"要有高尚的美德,应体现社会主义的典范品格。在有思想、有感情、有意志、有个性的年轻一代面前,教师的言行要符合社会主义的道德规范,时时处处起表率作用,尤其是大学生正处于成长发展的关键时期,他们可塑性大、模仿性强,具有强烈的向师性,他们把教师的言论作为真理,教师的行为作为标准,教师的形象作为榜样,教师的一举一动、一言一行都会对他们产生深刻的影响。这就要求教师踏踏实实地践行国家规定的教师职业道德规范,具有完美的品格和模范的行为,切实成为做人的模范,成为学生心目中的典范。这种典范性的要求与其他职业道德相比都更为鲜明,比历史上任何时期教师道德更为突出、更为严格。

2. 先进性

教师是人类灵魂的工程师,这就决定教师应具有崇高的精神境界、高尚的道德品质,以纯洁的灵魂去塑造新一代的灵魂,以高尚的品格去构建新一代的品格。高校教师教育大学生,不仅通过言教,而且通过身教;不仅要用丰富的学识教人,更要用自己的品格教人,即以自己的良好道德行为去影响、启迪和感化大学生的心灵。

3. 深广性

教师职业道德一方面受社会道德的制约,另一方面又对社会道德的形成和发展产生极为重要的影响。尤其是现代学校由封闭式转为开放式,教师的道德行为更加广泛、深刻地影响着社会的各个方面和阶层,尤其对学生的影响最直接、最深刻、最全面、最持久,甚至影响到学生的一生。可以说教师职业道德影响着子子孙孙、千秋万代的思想品德素质,直接关系到中华民族的思想道德素质,对现实社会和未来社会的道德风貌产生广泛、深刻的影响。古代教育家孔子被尊称为"至圣先师",现代教育家陶行知被荣称为"万世师表",许多优秀教师被称为"人之楷模",这都反映了教师职业道德深广性的特点。

4. 实践性

社会主义社会的教师职业道德是理论与实践相统一的,它来源于实践,是教师天长日久、广泛实践的结晶,它又作用于实践,向教师的实际行为转化,进入教师的心理结构,变为教师的现实活动。所以,教师要有正确的职业道德认识、远大的职业道德理想、真挚的职业道德情感、坚强的职业道德意志、良好的职业道德行为。

5. 强烈的纪律性

纪律也是一种行为规范,但它是介于法律和道德之间的一种特殊的规范。它既要求人们能自觉遵守,又带有一定的强制性。就前者而言,它具有道德色彩;就后者而言,又带有一定的法律色彩。就是说,一方面遵守纪律是一种美德,另一方面,遵守纪律又带有强制性。例如,工人必须执行操作规程和安全规定,军人要有严明的纪律等。因此,职业道德有时又以制度、章程、条例的形式表达,让从业人员认识到职业道德又具有纪律的规范性。

6. 继承性

在长期实践过程中形成的,职业道德会被作为经验和传统继承下来。即使在不同的社会经济发展阶段,同一种职业因服务对象、服务手段、职业利益、职业责任和义务相对稳定,职业行为的道德要求的核心内容将被继承和发扬,从而形成了被不同社会发展阶段普遍认同的职业道德规范。

高校师德的培育靠单纯的道德说教是远远不够的,尤其是在社会风气浮躁、经济利益至上、拜金主义盛行的今天,以教谋私现象非常突出,师生关系不再那么融洽,师德几乎成了口号和形式。在这样的教风之下,高校只有充分运用刚性的制度规则,才能约束教师的行为,使师德不致偏离育人的基本轨道。因此,高校师德制度建设是非常重要的。制度是一种社会游戏规则,是一种约束人们行为的准则和依据,是一种规范性、约束性工具。著名制度经济学家诺斯将制度分为正式规则、非正式规则和这些规则的执行机制三种类型。按照诺斯的分类,高校师德制度属于教育部门制定的正式规则。

我国对师德以及师德制度的研究可以追溯到 2500 年以前的孔子时代。如在《论语·子路》中,孔子谈到为人师表的重要性:"其身正,不令而行。其身不正,虽令不从。"在《论语·述而》中,孔子指出作为老师要"学而不厌,诲人不倦",等等。新中国成立以来,我国广大教育工作者在党的教育方针指引下,在实践中已逐渐形成了一套比较完整的职业道德规范。1991 年原国家教委、全国教育工会颁发了《中小学教师职业道德规范》。2007 年,胡锦涛在全国优秀教师代表座谈会上的讲话中,对全国广大教师提出了四点希望,即"爱岗敬业、关爱学生""刻苦钻研、严谨笃学""勇于创新、奋发进取""淡泊名利、志存高远",其实就是师德的体现,也为师德制度建设埋下了伏笔。为贯彻落实党的十七届六中全会精神,全面提高高校师德水平,教育部、中国教科文卫体工会全国委员会于 2011 年印发《高等学校教师职业道德规范》。《规范》分爱国守法、敬业爱生、教书育人、严谨治学、服务社会、为人师表六个部分(详见附件)。2012 年 8 月,国务院下发《国务院关于加强教师队伍建设的意见》,指出要进一步加强教师思想政治教育和师德建设,完善重师德、重能力、重业绩、重贡献的教师考核评价标准,探索实行学校、学生、教师和社会等多方参与的评价办法,引导教师潜心教书育人,并明确提出要构建师德建设长效机制。

附:高等学校教师职业道德规范

一、爱国守法。热爱祖国,热爱人民,拥护中国共产党领导,拥护中国特色社会主义制度。遵守宪法和法律法规,贯彻党和国家教育方针,依法履行教师职责,维护社会稳定和校园和谐。不得有损害国家利益和不利于学生健康成长的言行。

二、敬业爱生。忠诚人民教育事业,树立崇高职业理想,以人才培养、科学研究、社会服务和文化传承创新为己任。恪尽职守,甘于奉献。终身学习,刻苦钻研。真心关爱学生,严格要求学生,公正对待学生,做学生良师益友。不得损害学生和学校的合法权益。

三、教书育人。坚持育人为本,立德树人。遵循教育规律,实施素质教育。注重学思结合,知行合一,因材施教,不断提高教育质量。严慈相济,教学相长,诲人不倦。尊重学生个性,促进学生全面发展。不拒绝学生的合理要求。不得从事影响教育教学工作的兼职。

四、严谨治学。弘扬科学精神,勇于探索,追求真理,修正错误,精益求精。实事求是,发扬民主,团结合作,协同创新。秉持学术良知,恪守学术规范。尊重他人劳动和学术成果,维护学术自由和学术尊严。诚实守信,力戒浮躁。坚决抵制学术失范和学术不端行为。

五、服务社会。勇担社会责任,为国家富强、民族振兴和人类进步服务。传播优秀文化,普及科学知识。热心公益,服务大众。主动参与社会实践,自觉承担社会义务,积极提供专业服务。坚决反对滥用学术资源和学术影响。

六、为人师表。学为人师,行为世范。淡泊名利,志存高远。树立优良学风教风,以高尚师德、人格魅力和学识风范教育感染学生。模范遵守社会公德,维护社会正义,引领社会风尚。言行雅正,举止文明。自尊自律,清廉从教,以身作则。自觉抵制有损教师职业声誉的行为。

第二节　高校教师的道德修养

高校教师是高校教学工作的直接承担者,是高校教学改革与科研的直接探索者、组织者与实施者。高校管理的特有目标与任务以及高校教师特有的职责与使命,决定了高校教师所承担的工作是高校管理的核心工作,也决定了高校管理者必须高度重视并切实做好高校教师的工作,尤其是要做好加强高校教师的职业道德修养工作。修养就是个人的修身与养性。教师职业道德修养就是教师个人在道德意识和道德行为方面自觉按照一定的社会道德要求进行自我锻炼、自我改造、自我提高的活动以及所形成的道德品质。面对高等教育大众化、普及化、市场化、国际化等新情况,以及由此带来的社会和学校现实生活中的新问题,高校教师的道德修养不应仅仅停留在自发的基础上,而应达到自觉自律的高度,积极主动地学习道德理论,充分认识教师道德的起源、本质、发展以及对社会的作用,真正成为教师职业道德修养的主人。这是因为,高校教师能够卓有成效地完成所承担的教学工作,虽然离不开教师丰富的教学经验、高超的授课艺术和渊博的知识,但更需要教师有着高尚的职业道德修养水平。良好的职业道德是高校教师的必备素质之一,是高校教师协调、处理各方面的人际关系必须遵守的行为准则,是督促、激励教师做好教育工作、献身教育事业的不竭动力与思想保证。因此,教师教书育人的特有职责与使命,决定了在高校管理中必须高度重视并切实加强对教师的职业道德建设,这不仅是高校管理的一个手段,更是高校管理的一个目标追求。根据高等教育阶段的教学目的与要求,对高校教师应具备的专业技能与素质提出了较高的要求。高校教师在职业道德基础上的道德修养的提高,对培养适应现代化社会发展的需求型人才具有不可忽视的作用。

凯洛夫曾经说："感情有着极大的鼓舞力量，因此，它是一切道德行为的重要前提。"有了正确的师德认识不一定就能形成高尚的师德品质，而情感体验对师德品质的培养将起到重要的催化和调节作用。师德修养又是一个不断提高的过程，高尚的师德品质需要每位教师用一生的时间追求。然而，在具体的职业道德情景中也难免有来自内部和外部的障碍和干扰。尤其是在高等教育大众化、市场化、国际化的背景下，高等教育中出现了世俗化、金钱化的倾向，我国高等教育受到来自西方教育与文化更加强烈的冲击，因而，需要每位教师在正确的道德认识和情感基础上磨炼出坚毅的道德意志。没有道德意志，即使有了道德行为，也不可能持久。自觉地选择师德行为、养成师德习惯是高校教师职业道德修养的最终目标和归属。只有培养出良好的职业道德行为才能做到为人师表、以身垂范，承担起社会和时代所赋予的崇高使命。我们还应当认识到师德修养体系是一个系统工程，是一个不断更新、不断发展的长期过程。师德修养的发展是没有止境的，对崇高的道德的追求也没有尽头，它需要我们为之付出毕生的追求。

一、道德修养

职业是组织与个体心理契约相互协商的结果（Daniel，2003），也是教育和工作行为的结果。职业成功是个人实现对成就感和权力的需要，同时它带来个体生活质量的提升。职业成功的衡量与评价，取决于不同的价值观，因此对职业成功的界定不是唯一的。

教育作为一个行业有其适应自身行业要求的行为道德规范和行为准则。教师职业道德一般包括道德认知、道德情感、道德意志和道德行为等心理成分。具体而言，包括教育观念、教育情感、教育理念、教学态度、教学技能、教育职业的良心、教学作风等多方面的内容。道德修养属于社会道德调控范畴，与道德教育、道德评价、道德赏罚一起实现社会道德的调控功能。高校教师强调道德修养正是服务社会、强化社会调控功能的体现。具体而言，高校教师职业道德修养指符合社会发展规律的做事方式和做事能力。高等教育的特殊性决定了高校教师道德感与责任心是与其高深的学术修养密切相关的。具体表现在：

1. 教学效果反映教师敬业的程度。

2. 不断完善的专业技能反映社会发展的需求。

3. 师生关系的融洽程度反映教师的责任心的强度。

高校教师职业道德修养是指高校教师在道德认识、道德情感、道德意志、道德行为习惯等方面所进行的自觉的自我改造、自我陶冶、自我锻炼和自我培养，它是衡量一个教师职业水平高低的重要标志。教师职业道德修养是自己对自己进行的教育，它与教师职业道德教育既有联系又有区别，两者相辅相成。一般来讲，教师职业道德教育是由教育行政部门和学校领导为广大教师进行的有计划有组织的职业道德教育活动。这种教育对教师个人来说，是来自外部的教育。而教师职业道德修养则是教师本人在职业道德方面的自我教育和自我省察。这是来自教师自身的主观意愿，是教师个人自觉的道德养成的一种活动。教师在提高自身道德修养的过程中，要将自己看作主体，是可以自我完善的。

我国一直以来就非常重视道德修养，良好的道德修养是中华民族的优良传统，自古以来就有"学高为师，德高为范"的说法。我国伟大的教育家孔子就说过："德之不修，学之不讲，闻义不能徙，不善不能改，是吾忧也。"孟子也说过："存其心，养其性，所以事天也。夭寿不贰，修身以俟之。""君子之首，修其身而天下平。"教师又担负着为社会培养建设者和接班人的重任，这就要求教师必须具有良好道德修养。教师道德修养的重要性可见一斑。

师德是教师学识修养、人格魅力的集中体现，是教书育人的宝贵资源和重要载体，承载着人才培养、科学研究、社会服务、文化传承创新的重任。高校教师在不断更新自身知识和观念的同时，还要加强人格和道德修养，在注重提升知识层次的同时，也应该重视自我道德修养的提高，切实做到"学高为师，德高为范"。作为高校从事教学与管理的青年教师，树立正确的师德观，已成为做好一名高校教师的必修课。

高校教师职业道德修养既影响教师素质的发展，又影响大学生的学习和发展。加强高校教师职业道德建设，是培养德才兼备教师队伍的重要内容。

二、提升高校教师职业道德修养的必要性

1.提升教师职业道德修养有利于做好教育工作

"学高为师,德高为范",教师的良好品德修养对学生思想品德的发展具有巨大的榜样作用。正如教育家苏霍姆林斯基所指出的那样:"理想、原则、信念、兴趣、趣味、好恶、伦理、道德等方面的准则在教师的言行上取得和谐一致,这就是吸引青少年心灵中的火花。"一个具有良好师德的教师所表现出来的敬业精神和生活热情会感染到学生,有利于他们形成学习和生活的积极态度。一个对学生充满热爱的教师,会使学生形成较好的心理氛围,从而有利于他们形成良好的学习动机、促进心智成长。总之,一个具有高尚师德的教师,学生不仅会在心理上尊敬、佩服他,更会在言行上模仿他。因此,加强教师的职业道德修养有利于做好教育工作。

提升高校教师职业道德修养还是实施素质教育的需要。教师教育学生一靠真理的力量,二靠人格的力量。实施素质教育就是要全面提高学生的素质,不仅是提高学生的科学文化素质,也要提高学生的思想道德素质。只有人格才能塑造人格,教师的道德修养水平直接关系到学生的道德素质,只有职业道德修养好的教师才能培养出高素质的学生。

2.提升教师职业道德修养有利于教师道德品质的完善

与其他职业相比,教师职业道德是复杂的,这就要求教师要深刻认识到加强职业道德修养的重要性,把教师职业道德修养变成自己内心的需要和自觉的行为,为人师表。教育事业是一项崇高的事业,教师要为此付出巨大的代价。同时,教育事业还会遇到来自各方面的阻力和障碍,教师要做好教书育人的工作,就必须有坚强的意志去面对苦难、克服困难、坚持不懈。好的行为习惯不是一蹴而就的,而是一个长期渐进发展的过程,只有长期不懈地按照教师职业道德要求规范自己的行为,才能形成优良的师德品质。提升教师职业道德修养的过程是提高教师道德认识、陶冶教师道德情感、磨炼教师道德意志和培养教师道德习惯的四个环节的有机统一的道德实践活动的过程。通过这四个环节的有机配合,教师逐渐形成良好的道德品质。

3.提升教师职业道德修养有利于弘扬社会主义风尚

当前,我国正处于社会主义市场经济体制不断完善和社会体制改革的关键时期,社会主义改革开放伟大事业的成败,在很大程度上取决于全民族的科学文化素质的提高和人才的培养,而教师职业道德修养水平不仅直接影响教育事业的发展,也关系到中华民族科学文化和道德水平的提高。教师职业道德是社会道德的重要组成部分,教师可以通过开展形式多样的教育活动以身示范,带动社会道德水平的提升。教育工作过程中教师与社会生活的各个领域有着多方面的接触,他们的思想、品德、行为、举止也会直接或间接地作用于社会,对社会主义精神文明起着积极的促进作用。

三、道德修养提升的途径

师德修养的培养和提高离不开教师的学习和研究。理论是行动的指南,它能使我们提高辨明是非、善恶和进行师德评价的能力,战胜那些错误的、落后的道德观念,从而指明师德修养的目的和方向。当今,随着高等教育的大众化,出现了许多新情况、新问题,若不进一步加强对正确理论的学习,我们很可能会迷失方向,会出现"何以为教""为何而教"等问题。除了理论学习,还要注重在社会生活中的学习,向优秀教师学习。爱因斯坦说过:"只有伟大而纯洁的人物榜样,才能引导我们具有高尚的理想和行为。"榜样的力量是无穷的。许多先进教师就是我们活生生的学习典范,给我们以直观的启迪和感染,影响我们的思想和行为。在生活中学习,向学生学习,促进教学相长;向身边的教师学习,取长补短,共同提高;在社会生活中学习,社会生活是一座道德的宝库,教师只有通过联系整个社会的实践活动,接触社会生活,才能不断地提高道德认识、陶冶道德情感、磨炼道德意志和促进道德行为。高校教师不仅要进行本专业的科学研究,还要进行教育研究,参与校本研究和院校研究。只有这样,才能更好地应对大众化教育新格局。以研究者的心态置身于教育教学情景中,研究教育问题和其中的道德问题,促进高校教师民主、合作、创新等品质的全面提升。培养和提高师德修养还要掌握正确的方法。科学的方法可以使我们达到事半功倍的效果。在高校教师职业道德修养的培养中,我们应学会综合运用内省、慎独、自我激励、致知、践履和交往等行之有效的方法。内省以达到内心的自律与进取,慎独以达到自我行为的理性约束,自我激励以激发师德修养的内在动力,交往以促教学相长,教师间取长补短,共同提高。

1.学校方面

当前,在高校教师尤其是教育队伍年轻化的趋势下,在教育理念、教学技能以及教学作风等方面存在诸多问题。因此,如何提高高校教师的职业道德修养,是当前高校管理工作的一项重要内容。高校组织机构可以通过相关的制度和环境约束机制来达到教师自身的内部激励效果。具体做法是:

(1)思想教育与道德教育结合,树立教师理想人格。为了搞好师德建设,首先必须加强高校教师的思想政治教育和道德教育。通过思想教育和道德教育结合,广大教师认识到高校是社会主义精神文明建设的重要阵地,担负着培养社会主义接班人的重任。因此,高校教师必须具有坚定的社会主义信念,具有过硬的思想作风和高尚的思想品质。这就要求广大教师要认真学习马克思列宁主义、毛泽东思想、邓小平理论和"三个代表"重要思想,以"十八大"精神指导和充实自己,提高自己的政治素养,从政治高度认识当前加强高校师德建设的重要意义。教师职业道德学习是一种有组织、有计划的教师道德教育,它克服了自学中的不利因素。只有在道德修养中多读教育界名人的传记和模范教师的先进事迹,以教师道德的先进典型作为思想行为的楷模,自我鼓励,在思想意识中凝聚教师道德原则和规范,常以崇高的道德品质作为行为的目标,才能使道德修养不会迷失方向,成为有较高教师道德修养的人民教师。

(2)建立健全教师评价体系,倡导科学用人机制。除思想教育和道德教育外,制度建设也是高校师德建设一个不可忽视的重要方面。加强高校教师队伍建设,需要有一套能满足其实现自身价值需要的激励机制,如晋升激励、素质激励和目标激励。按照"评价科学、导向准确、激励有力、操作简便"的原则,立足于推动工作,以任期责任目标为主要依据,合理确定评价标准,落实学生对高校教师的评议机制,完善考核评价激励机制。制度建设应着眼于以下几个方面:

①建立聘任制度。要选择知识渊博、师德高尚的人才到教师岗位,淘汰那些不合格、不称职的教师,革除只重学历、忽视师德的弊端,加大学生公认程度对教师升降、去留的作用。这需要建立和完善高校教师聘任制度。实际上,高校教师聘任制是国际上通行的高校教师管理办法,有着坚

实的理论基础和实践依据。它旨在引入竞争激励机制,全面激活教师潜力,促进人才全面成长。我国自20世纪80年代中期以来,就着手在高校推行这一管理模式。不可否认,新模式的运用为破除教师职务终身制,尤其是在转变高校人事管理理念和教师观念,全面开展聘任制改革奠定坚实基础方面起到积极作用。但是,由于主客观条件的限制,完全意义上的教师职务聘任制至今并未真正建立起来,高校教师队伍依然缺乏竞争和流动。教师工作的动力依然普遍不足。因此,高校教师职务聘任制改革势在必行,但如果不能突破计划体制下形成的高等教育管理体制,建立和健全必要的内外部体制性环境,改革就只能在强化教师间的竞争中不断反复。建立和完善高校教师的聘任制,必须提高高校的办学自主权。尽管国家已经意识到放权的重要性,但由于种种原因,政府对高等教育资源依然严格控制,高校办学自主权依然有限。政府对高等教育资源的控制使社会对高校的管理和调节作用十分有限,影响力不足。面向社会办学的体制没有形成。远离社会需要和竞争的高校,必然缺乏改进教学质量和提高办学效益的积极性和主动性。自然也就失去实行教师聘任制的动力。所以,务必要继续深化高等教育管理体制改革,进一步推动教育分权,全面落实办学自主权,引入市场机制,让高校参与社会竞争。

同时,开放、竞争的人才市场是聘任制实施的基础,而人才市场的建立又与档案制度、薪酬制度、社会保障制度等密切相关。为此,以下几点是必要的基础。第一,加快档案管理制度改革是建立和完善高校教师聘任制的基础。档案管理制度配套改革的滞后,已经严重限制了高校教师的合理流动,不利于竞争机制的形成,要加快人才中介代理模式的构建,政府在人才管理过程中,主要是服务。第二,加快分配体制改革,还权于高校,让高校能根据所在地的实际物价水平、学校实际财力和办学需要等诸多综合因素自主制定有吸引力和竞争力的薪酬政策,体现人才的市场价值,吸引优秀人才,落实激励效应。第三,加快社会保障制度建设,改变学校办社会的状况,使高校教师在失业保险、养老保险、医疗保险等方面有保障,为教师解除后顾之忧,成为人才市场上的自由职业者,创造一个顺畅的人才流通环境,改革的民主性才能得到支撑。

总之,只有通过对束缚教师聘任制的体制性环境进行改造,全面落实高校办学自主权,加强高校内部民主建设,恢复学术权力应有的地位,健全劳动力市场和社会保障制度,完全意义上的教师职务聘任制才有望真正建立起来。

②建立和完善奖罚制度及教师职业道德考核机制。师德的表现应与奖金、工资、岗位和职称挂钩。为此,高校要及时调整有关政策,健全配套措施。晋升工资和奖金发放等要向教书育人的优秀者倾斜,聘岗和职称评定时应把师德素质的要求纳入考评范围,并作为一项重要指标,通过量化的方式,全面考察教师为人师表、忠于职守和为学生服务等方面的情况,激励教师更好地发挥教书育人的作用。

教师职业道德考核制度能够极大引导教师教书育人的重心。现阶段衡量教师成绩的标准比较单一,通常只是以学术成果为重要因素,对教师道德状况只做模糊评价。我们要改变重业务、轻道德的不全面、不科学的评价标准,建立和完善一套体现教师职业道德高低的、科学合理的教师职业道德考核评价指标体系,将教师职业道德要求制度化、规范化,从而有效地促进青年教师形成良好的职业道德。这套考核体系应该尽量涵盖教师职业道德的主要内容。操作性上需要切实可行,态度要公正科学,执行要准确有力,保证改革后的一整套考核流程可以最大程度符合改革的美好初衷,并起到积极效果。考核体系要做到教师职业道德评价有章可循、标准明确。前期要广泛征求师生意见、建议,结合教育方针政策,逐步提出对教师职业道德的明确要求。同时要做好宣传工作,让每一位教师都充分理解自身职责与义务,约束好自身行为。考核体系要确保教师职业道德评价指标体系一准确、明确具体、可操作性强。应将要求具体化,便于操作,标准统一,不能因人而异、因事而异,各相关部门之间也要完善分工协作,保证整体内部的各方面是有机联系在一起的。评估中要严格考核、创新机制。通过个人自评、群众测评、考核小组评定相结合的方式来增强考核过程透明度和考核工作科学性,并及时公布考核结果,力求公平、公正、公开。科学的师德考评与监督,能够使教师明辨自己行为的善恶是非,知道自己的行为哪些是得到社会赞扬的、今后工作中应当予以发扬光大的,哪些是社会反对唾弃的、今后工作中必须予以改正和避免的,从而激励、引导他们积极趋善避恶。

2013年5月,中组部、中宣部、教育部联合印发了《关于加强和改进高校青年教师思想政治工作的若干意见》,我国将对师德表现作为教师年度考核、岗位聘任（聘用）、职称评审、评优奖励的首要标准，建立健全青年教师师德考核档案，实行师德"一票否决制"。2014 年 4 月，浙江省教育厅出台的《关于进一步加强高校师德师风建设的意见》（浙教高科〔2014〕6 号）明确规定："建立健全师德建设责任机制、监督机制和考核机制，建立教师师德考核档案，把师德和育人工作表现作为教师年度考核、岗位聘任、专业技术职务晋升、评优奖励的首要标准，实行师德表现一票否决制。"可见，师德建设与考核机制的结合已是大势所趋。

③建立监督制度。面对当今师德滑坡现象，探讨加强师德建设的途径显得尤为重要。完善教师职业道德机制是提高教师职业道德水平的重要保证。师德监督机制是指对教师的师德状况和其行为目标的选择起督促、制约作用的系列措施与制度。师德监督机制的构成要素包括自律和他律，行政监督和社会监督。但就学校内部而言，主要指他律和自律。首先，在他律方面，主要是建立并完善学校监督、同行监督、学生监督三位一体的师德监督体系，这个监督体系应该是显性和隐性相结合，包括设立师德建设举报箱和举报电话，进行不定期的问卷调查，建立师德监督网站，领导和教师听课，教师互评，教研室评议，学生评议，聘请有经验的教师、离退休老同志和管理人员担任师德巡视督导员等途径，及时把握每位教师遵守师德规范和教书育人的情况。高校应该鼓励学生对师德进行评价，公布师德规范，建立师德监督网站，以及通过社会媒体等各种渠道，对师德起到督促作用，有的学校设立"师德信箱"是一种很好的监督方法。此外，加强师德督察，对师德考评不合格的教师，或在不同年度考评中有退步的教师，视具体情况分别给予批评教育、调整工作、行政处分，直至撤销教师资格或解聘等相应处理和处罚，对触犯法律的，依法追究有关当事人的法律责任。通过对教师师德加以示范和警戒，营造师德建设的良好氛围，鼓励教师自我加压，严格自律，以期逐步达到"慎独"的崇高境界。

④要建立高校教师职业道德规范培训机制。如前文所述，教育部颁布实施的《高等学校教师职业道德规范》从爱国守法、敬业爱生、教书育人、严谨治学、服务社会、为人师表等六个部分规范了高校教师师德的主要内容，是高校教师队伍最重要的行业纪律，是我国在社会经济和教育发展进入新的历史阶段实施的新举措，是对新时期高校教师从事教书育人工作提出的新要求。高校行政部门应将学习师德规范纳入教师培训计

划,作为新教师岗前培训和教师在职培训的重要内容;应以专业、系别为单位对教师进行集中培训,切实提高广大高校教师从事教育工作的师德水平。

2.教师个人方面

(1)教师在师德修养的提升中应该加强自律。在自律方面,要改变教育办学的观念,引导教师吸取有价值的传统美德,在实践中自我修炼、自我塑造,树立崇高师德形象。进行师德建设,提高师德水平,建立内化自律机制。无论是学习培训,还是考评奖惩,目的都是为了促进教师建立起内化自律机制。内化就是教师将社会约定的职业道德规范转化为教师自身的行为准则,将外在的约束和要求转化为自身道德修养的过程。自律就是无论是否有外在的约束和监督,教师都能严格要求自己,自觉自愿地遵守规范。内化自律机制的建立,使得教师遵循这些规范时,内心会感到欣慰和愉悦;如果违背了自己的原则,就会内疚和自我谴责。这种机制,可以通过学习教育,帮助教师增强教书育人、以身立教的社会责任感和神圣使命感来建立,可以通过奖励表彰先进事迹的精神感召力,促进教师获得内在的道德满足感和上进心来建立,可以通过监督和约束产生内疚感和自责感来建立。这样,教师就会将自己的思想意识、言行举止纳入规范之中,自觉监督自己的行为,执行行为规则,并且一有逾矩,心中自有约束。建立内化自律机制,使教师从满足社会的希望发展为履行自己内心的道德准则,既是师德建设的目的,也是师德建设的最高境界。

同时,教师应该加强自我反省。自我反省,是提高高校教师职业道德修养的重要方法。教师要以师德规范为标准,随时反省自己的言行,对不符合要求的思想和行为及时纠正,使自己的思想和行为符合教师职业道德的要求。在教师提高道德修养的过程中,反思是不可缺少的。教师的道德修养是一个长期的过程,不可能一帆风顺,遇到问题和困难是在所难免的。因此提高道德修养的过程中,需要常常进行反思,勇于批评和自我批评。一个有着高尚道德修养的教师,一定要有严格的、自觉的、经常的自我批评,也能虚心接受别人的批评,不断地及时战胜那些不好的行为习惯。这样就能防微杜渐,随时克服和纠正自己的不足,不断提高自己的职业道德修养。

实际上,不仅道德修养的提升需要自我反省,教学技能方面也需要自我反省。当然,教学技能的提升也是师德修养提升的一个重要方面。因此我们认为教师需要在工作中不断反省、自我批评。教师这个职业是应用性很强的职业,也是创造性很强的职业。教师只有不断研究新情况、新环境、新问题,并不断地反思自己的教育教学行为,才能不断适应、促进教育教学工作,使教育教学工作有效地展开。但现实中有些教师天天备课、讲课,好像时钟一样机械准时,却很少考虑教学内容的重组、教学过程的优化、教学策略的变革、学生兴趣的激发,很少对自己的教学行为进行观察、记录,也很少写教学札记、教学论文,进行案例分析,建立学生学习和自己教学的档案,同时也很少给自己出难题、压担子、提出新的目标。这样,日复一日,年复一年,依然故我。也有的教师从事教育工作的年限长了,教育生活有规律地、机械地轮回着,没有了初上讲台时的紧张和忙乱,平添了几分自信和从容,便不自觉地形成了一种职业惯性:教案怎么写,课怎么上,怎么批改作业,渐渐开始胸有成竹;一年时间被分成了一系列大大小小的有序的单元,开学、期中、期末、假期,什么时间该干什么,都已烂熟于心;一种安于现状、拒斥改变、反对变革的心理自然生成。这些情况都要求教师必须把反思作为自身发展的动力,立足于自我外,批判性地考察自己的教育行动和教学情境,而不是以习惯和传统为基础来采取教育教学改革行动。优秀教师=教育过程+反思,这是心理学家林崇德教授的主张。他从认知心理学、教师心理学的角度提出了"教师教学监控能力"的概念,强调教师的教育工作,多一分反思与监控,就多一分提高,就与优秀教师更近了一程。

(2)努力做到"慎独",增强师德修养的自觉性。所谓"慎独"是指在独立活动,无人监督,有做各种坏事的机会并且不会被别人发觉的情况下,仍然能坚持自己的道德信念,自觉按照一定的道德原则和道德规范去行动而不做任何不道德的事。"慎独"是教师师德修养所达到的一种最高的精神境界,它标志着教师的道德修养已经达到了高度自觉的程度。当一个人处于即使做了某些坏事也永远不会被人发现的情况下,能够完全依靠自己内心信念的力量约束自己,不做坏事,这样的人,是真正有高尚道德的人。"慎独"是教师道德修养的重要方法。它要求教师在独处、无人监督的情况下,更加严格要求自己。道德作为一定社会人们的行为规范,主要依靠社会舆论和人们内心信念来维持,但最终是通过人们的内心信念起作用的。因此,在师德修养中"自觉"尤为重要,师德修养,贵在"自觉",贵在"慎独"。要做到"慎独",第一,要具有自我修养的高度自觉性,要注意把师德原则和师德规范内化为自己的内心信念,化作行为的内心信念,化作行为的品质,并以此支配自己的行动;第二,要增强自制力,加强自我监督,在无人发现的情况下,严格要求自己,做到自律、自重、自爱;第三,要光明磊落,诚信守法,无论是在领导面前、在同事面前,还是在学生面前、在家长面前,无论是在学校还是在社会,不管是公开的还是私下的,都应以相同的道德标准严格要求自己,做到人前人后一个样。总之,教师只有能时时、处处、事事严格要求自己,不断加强师德修养,努力做到"慎独",才能成为一个道德高尚的人。

（3）坚持学习,提升师德修养。我国自古就有"活到老学到老"的谚语,作为一名人民教师,更应该不断学习。全面推进自身素质,进而提高教师职业道德素质。要给学生"一杯水",教师就要有"一桶水""一江水",教师只有不断地、多种途径去提高,才能有充分的准备去从事"教育"。教师受教育,离不开对知识信息的获取。教师只有广泛吸收有关的知识信息,并将这些知识内化为自己的东西,在读书中多思考,特别要注重内省慎独。提高教师的职业道德修养,重要的是要靠主体的自我修养。教师只有真正提高了自我修养,才能把职业道德由认识转化为相应的情感、信念,进而转化成为自觉的行为。学习的途径有以下三条:首先,从书籍中学习。我国历来重视修养,"俭以修身,勤以养德""勿以恶小而为之,勿以善小而不为""积善成德"等,通过学习,提高自己的道德修养。其次,向有经验的前辈们学习,高标准严格要求自己。他们崇高的品质是提高我们教师职业道德修养的榜样,见贤思齐,这对于我们提高职业道德修养有着极大的促进作用。最后,向学生学习。教师与学生的关系是一种教学相长的关系,教师从学生的反馈中检查自己,审视自己,寻找不足,并努力加以改进。同时,学生可爱、善良,有一颗纯洁的童心,与他们接触会发现许多道德品质的闪光点,比如:关心集体、助人为乐、热爱劳动、见义勇为等,教师主动到学生中去,同他们一起活动、一起乐、一起谈心,多看、多听、多观察,善于发现学生的优点,注意听取学生的批评、建议,做到有则改之,无则加勉,诚恳、主动、虚心地向学生学习,进一步提高自己职业道德修养的自觉性。

（4）引导教师积极实践，做到知行统一。教师职业道德修养不仅是理论问题，而且也是实践问题。要使教师道德原则和规范成为教师行为的准则，必须依靠长期不懈的努力，自觉进行修养和锻炼。高尚的思想道德不是天生就有的，而是在长期的社会实践中逐步形成和发展起来的。实践是思想道德修养的基础。因此，应坚持在教育实践中锻炼和培养师德。作为高校教师，不仅要懂得哪些是应当具备的职业道德修养，为什么应当具有这种职业道德修养，而且更主要的是把这些认识用于指导行动，按照师德的要求，从事教育实践，并以此为准则，对照、检查和改正自己的缺点和不足，培养良好的思想道德。参加社会实践，在实践中进行教师道德修养，是加强教师修养的有效办法。在教师道德修养的过程中，从教师道德认识、道德情感、道德意志和道德信念到教师的道德行为和习惯，自始至终都是在社会实践、教育和教学中完成的。教师只有在教育和教学实践中，在处理师生之间、教师之间、教师与家长及教师与社会其他成员之间的关系中，才能认识是与非，才能辨别善与恶，才能培养良好的教师道德品质。如果只是"闭门思过""坐而论道"，脱离实践去修养，那么教师道德修养就要成为一句空话。参加社会实践，投身于教育和教学工作中，坚持理论与实践相结合的原则现已成为教师道德修养的有效途径。

教师道德修养不能脱离教育教学实践。教师的道德修养不是生来就有的，而是在社会实践中不断发展的。在教学实践中不断完善自己，总结成功的经验，推敲失败的原因，勇于实践磨炼，增强情感体验。

道德修养是一个长期、复杂、艰苦的自我提高的过程，需要每一位教师终身努力，孜孜以求。在教学实践中，广大教师要经常进行自我反省和自我批评，全面认识自己，解剖自己，将自己身上那些非道德的思想清除掉，使自己的道德修养不断上升到新的境界。

总之，加强和改进高校师德修养绝非一朝一夕、一人一己之力就能完成的，这需要学校、教师本人以及全社会方方面面的共同努力。只有当高校教师把那些以规范、制度等文字形式规定下来的，必须遵守的职责或义务，通过社会引导与监督、自律与他律相结合，以及工作实践等环节，以"我愿意""我应该"的自觉方式表现出来，形成教师内在的责任自觉，我国高校师德师风建设目标才算真正的实现。

职业能力篇

第三章　高校教师教学能力

　　高校教师的职业素质应包括三个方面：一是基本素质，主要指教师应具备的基本的科学知识、人文知识、外语知识及现代教育技术知识；二是专业素质，主要指能胜任讲授专业课程所需要的专业知识；三是教学素质，通常也叫条件性知识，是指高校教师所应具备的综合的教学能力。

　　《教育大词典》对于教学能力的定义如下："教学能力是教师为达到教学目标，顺利从事教学活动所表现的一种心理特征，由一般能力和特殊能力组成。一般能力指教学活动所表现的认识能力，特殊能力指教师从事具体教学活动的专门能力。"高校教学与中小学教学不同，除向学生传授系统的知识或经验外，还要培养其自学与创新能力，是影响教学活动效率和效果的各种能力的综合系统，是由教师个人的智力和智慧以及从事高等学校教学工作所需的知识、技能综合而成，并通过教学实践表现出的一种职业素养。

　　教学能力是一个宏观和整体性的概念，是一个多元化的立体结构，主要包括教学设计能力、教学操作能力、教学监控能力和教学研究能力。教学能力主要是通过教学技能、人际交往能力和教学研究能力来体现的。从高校整个教学过程和环节来看，具体要求教师掌握如下教学技能：

　　(1)教学目标、教学任务的认知能力；(2)教学方案的设计能力；(3)教学内容的驾驭能力；(4)教学表达能力；(5)课堂教学的组织管理能力；(6)指导教学实验与实习和组织、指导课外活动的能力；(7)选择和运用教学方法、教学媒体的能力；(8)网络教学能力；(9)教学研究和教学创新能力。

第一节　课堂教学

一、备课

教师在接受一门课程的讲授任务后,首先要认真研究这门课程的教学大纲。因为教学大纲是执行教学计划的基本纲要,也是指导学生学习、进行教学质量评估的重要依据。通过对教学大纲的阅读,可以从中了解课程的性质、教学的目的和任务、各章节的主要内容和重难点、课时安排、考核方式、参考书籍等相关信息,这就可以让教师对课程的教学过程从总体上进行把握,有利于备课、课堂教学等工作的开展。

备课的第二步是仔细通读教材。教材是知识的载体,也是教师讲课的基本依据。教师要根据教学大纲的要求,将课程选用的教材认真阅读几遍,对相关知识点的概念、定义、公式推导、案例等内容力争理解透彻并烂熟于心。同一门课程往往有多本教材,不同的教材编写思路并不一样,对相同知识点的叙述也不尽相同,因此还需要教师选择几本相同课程的其他教材进行对比阅读,这样既能掌握不同教材的编写思路,还能从不同角度对同一个知识点进行解读,开阔思路,有利于课堂教学的展开。

备课的第三步是写教案。这里有两个问题需要特别指出:有些初次上课的青年教师,没有把整门课的教案完整地写好,就匆忙上阵,课上到哪里教案写到哪里;有些教师认为有了课件,就不需要写教案了。必须要说的是,上课前要写出完整的教案,即使用多媒体课件上课,仍然要写教案,当然可能是先写教案,再制作课件,关于这个问题在本章第三节中再详述。青年教师尤其有必要编写详细的书面教案。

教案的设计包括教学进度的安排,教学时数的分配,教学方法或手段的选择,教学内容的组织和教学效果的总结等。教师在认真编写教案的过程中,不仅可以熟悉授课内容,而且还可以想象授课场景,搜集有利于教学效果的图片、实验现象等教学素材,准备知识点之间的过渡及衔接。教学方案设计得好是取得良好教学效果的关键。

教师只有充分做好课前准备工作,在课堂上的教学才能做到胸有成竹、从容自若。课前准备工作包括备课和课件制作,针对课堂中将要讲授的知识点,查找翻阅多本参考书籍,从不同的角度对知识点进行学习,以求融会贯通、触类旁通；还需要结合教材中的例子以及课后的习题进行练习，加深对知识点的理解和掌握。同时，在备课过程中，对于知识点的讲授顺序、讲课方法、板书内容等也要提前做好安排，对于将要讲授的知识点通常是按照由浅入深、由表及里的顺序进行安排，对于重点和难点事先做好标记，做到重点突出、条理清晰，便于学生理解和掌握；对于需要板书的内容，事先做好设计，方便学生做笔记。目前，高校的教学工作多采用多媒体辅助进行，因此讲课使用的课件需要认真准备，详见本章第三节。

二、课堂教学

课堂教学仍是目前主要的教学形式，课堂教学是老师的主战场。

教师在上课之前，一般提前十几分钟到达教室，熟悉课堂氛围，进行课前准备工作，开启电脑，安装好课件等，做好上课前的各项准备工作。上课铃声响后，要迅速进入状态，开始课堂教学。

教师的课堂教学能力包括以下几个方面：

1. 教学表达能力

教师借助语言手段和非语言手段传授知识，完成"传道授业"的课堂教学任务。

（1）语言表达能力。在课堂上，知识传授主要通过教师的语言表达来完成，语言表达能力是教师最基本的教学能力，包括口头语言表达能力和书面语言表达能力两种，是教师逻辑思维、组织与处理教材以及运用语言文字等多方面能力的综合体现。教师授课语言必须做到用词准确，逻辑严谨，语速均衡，吐字清晰，简明扼要，生动形象，幽默风趣，感染力强，富有启发性，深入浅出，要有抑扬顿挫的节奏感，有利于渲染教学气氛、吸引学生听课注意力、增强教学效果。教师的书面语言表达能力主要反映在板书设计中。板书要做到标题醒目，布局合理，内容简要，大小适中，字迹端正。

（2）非语言表达能力。非语言表达能力是指教师在课堂教学中通过眼神、面部表情、手势、身体姿势、体位的变化等肢体语言进行信息交流的能力。在课堂教学中，非语言交流与语言交流恰当地结合，可以起到强化或提高语言信息交流的效果。教师运用非语言交流信息应做到真切、准确、自然、适度。特别指出，教师一般应该站着讲课，尽量不要或少坐着讲课,特别是不要躲在电脑后边按鼠标。

然而,自然、精准、生动、幽默的语言表达能力并非一朝一夕能够掌握,特别是刚刚走上工作岗位的新教师要想具备这种能力,需要经过长期磨炼。

2.选择和运用教学方法、教学媒体的能力

选择和运用教学方法、教学媒体的能力是教师必备的能力,方法得当则事半功倍,方法不当则事倍功半。教师要善于结合教学目标、教学任务、学科特点以及学生的实际,采用启发式教学、情景式教学、案例式教学、体验式教学等多种教学方法,并恰当地选择教学媒体。

3.课堂教学的组织管理能力

课堂教学的组织管理能力是每位教师必备的能力。其目的是为课堂教学创造良好的秩序和氛围,以保证课堂教学井然有序地进行。教师不仅要对教学内容进行精细加工,合理选择教育方法,还要维持课堂纪律,调动学生的积极性,营造融洽的教学气氛。教师在上课过程中要注意培养良好的师生关系,做好与学生之间的互动,激发学生的学习主动性。组织管理课堂教学工作要贯穿教学活动的始终。

4.教学活动的监控能力

所谓教师教学的监控能力,是指教师在教学的全过程中,将教学活动本身作为意识的对象,不断地对其进行积极主动的检查、评价、反馈、控制和调节的能力。教师能否在教学过程中针对教学具体实施效果与学生课堂反应进行自动调整,如课堂教学设计是否合理,教学组织是否有序,课堂互动是否得法等,并据此调整自己的教学节奏和教学行为,是教师教学自控能力的表现。教学自控能力高的教师在教学的过程中能及时根据学生的反应,努力调动学生的学习积极性,随时准备有效地处置课堂上出现的偶发事件。教师对自己的教学活动进行调节、校正的能力是教师观察的敏锐性、思维的灵活性、意志的果断性等几方面心理特征的综合,是教师成熟的职业心理品质和教育技巧的概括,是教师长期自觉锻炼的结果。

监控能力中还包含教学反思能力。教学反思是教学后,教师以自己的教学活动过程为思考对象,来对自己做出的行为、决策及由此所产生的结果进行审视和分析的过程。通过教学反思,教师进一步明确教学目标,理解教学内容,提高教学水平,有利于教学效果的改进。

5.与学生交流的能力

交流能力的重要方面是理解学生的能力,包括读懂学生的表情,听懂学生的表述,并从学生的表现中进一步理解他的内心世界,在教学中分析学生的特点与问题,通过师生间的相互作用来促进学生的发展。师生间的交流是双向的,而不单单是教师对学生的影响。良性的双向交流,对教学的开展是颇有助益的。

教学是一门艺术,要提高教学水平,绝非一朝一夕能够做到,需要长期的磨炼。对初上讲台的青年教师来说,认真听老教师讲课、向老教师请教,有助于快速提高自己的教学能力。

三、课后辅导

课后作业是课堂讲述的延续,课后作业能够反映学生对所学内容的掌握程度,通过改作业可以检验教学目标的实现效果,发现教学活动存在的问题。教师在教学过程中,完成一个章节的讲课任务后,都要及时布置作业,要求学生在课后复习的基础上独立完成,通过练习来巩固所学的知识,加深对所学知识的理解。要及时收集学生的课后作业,认真进行批改,通过批改作业检查教学中的不足。如果时间允许,要尽量给学生讲解作业,分析具有共性的问题,进行信息反馈,充分发挥作业的作用。

除了课堂以外,教师还要充分利用各种渠道与学生沟通。一是利用课间时间与学生交流,二是定期安排课外辅导答疑时间,三是通过与学生座谈等方式与学生沟通,四是开设第二课堂,等等。

四、教学评价能力

学生学业成绩评价能力是指教师对学生学业成绩是否达到教学目标的判断能力。

对学生学业成绩的评价方式是考查和考试。考查属于定性的评价方法,通常适用于无法定量考核或无须定量考核的学习活动。如观察、课堂测验、课堂提问、检查作业、写作论文、实践作业等。考试是将定量分析与定性分析结合起来的一种评定方法,如口试、笔试、操作考试等。正确运用评价方法的能力就是指教师能够从自身的教学要求出发,选择适当的评价方法,以达到了解学生真实学习状况的目的。具体表现为:

1.了解学生对教师课堂讲授内容的理解和接受程度采用日常考查的方法,如提问、检查作业、课堂小测验等。

2.考核学生实践活动的能力采用操作考试的方法,如实习、实践活动、写实习总结和实验报告。

3.考核学生综合运用知识分析问题和解决问题的能力采用课堂讨论、写作论文、开卷考试等方法。

4.考核学生的思辨能力和语言表达能力采用口试的方法。

5.全面系统地考核学生对知识技能的掌握状况,采用笔试闭卷考试的方法。

运用考试方法的能力主要体现在命题工作中,要掌握以下原则:覆盖面与侧重点相结合的原则;知识与能力相结合的原则;试题独立性和整体性相结合的原则;信度、效度、难易度、区分度相结合的原则。

要合理设计试题结构,即按照学生识记、理解、应用、综合等考核目标,将主观性试题和客观性试题进行合理设计,全面考核学生的学业水平。主观性试题也称作自由应答式试题,类型通常有论述题、论证题、演算题、简答题、应用题、做图题、概念题、辨析题、案例分析题等,侧重于考核学生的能力水平;客观性试题也称作固定应答式试题,类型通常包括是非题、选择题、匹配题、填充题、改错题等,侧重于考核学生的知识水平。

试题编制的技术和程序包括:

编制命题计划,设计题目的难易程度、权重、内容比例、题型、题目数量;拟定考试题目;安排题目顺序,一般按照先易后难、先省时后费时、先客观后主观的顺序;确定标准答案和评分的标准,供评卷参考。

教师要具备客观评定学生学业成绩的能力,包括:第一,合理运用记分方式。通常记分的方式有百分制、等级、评语三种方式。考查适宜采用等级制,考试适宜采用百分制,书面作业类的考核适宜采用评语。第二,恰当运用评分标准。应根据试题的难易程度和权重系数确定评分标准。评分做到原则性和灵活性结合,既要遵循标准答案,又不拘泥于答案。

教师要及时整理分析考核反馈信息,发现教学中的问题,调整教学目标,完善教学内容,改进教学方法,调整教学策略,以提高教学水平和教学质量。

第二节　实践教学

实践教学是一种除课堂理论教学外,基于实践的教育理念和教育活动,它通常是指在教学过程中建构一种具有教育性、创造性、实践性,以学生主体活动为主要形式,以激励学生主动参与、主动思考、主动探索为基本特征,以促进学生总体素质全面发展为主要目的的教学观念和教学形式。

实践教学是学校实现人才培养目标的重要环节,它对提高学生的综合素质,培养学生的创新意识和创新能力,使学生成为一个复合型人才具有特殊作用。《高等教育法》明文规定:"高等教育的任务是培养具有创新精神和实践能力的高级专门人才","本科教育应当使学生比较系统地掌握本学科、本专业必需的基础理论、基本知识,掌握本专业必要的基本技能、方法和相关知识,具有从事本专业实际工作和研究工作的初步能力",而学生实践能力的培养以及基本技能、方法和相关知识的训练就是靠实践教学来保证的。

实践教学主要包括如下环节:实验(实训)、实习、课程设计(学年论文)、毕业论文(毕业设计)。

一、实验(实训)

实验(实训)教学是课堂理论讲授的继续,是对学生进行基本技能训练的主要环节。实验(实训)教学的基本任务是加深和巩固理论知识,使学生掌握实验(实训)的基本原理、基本方法、基本操作和基本技能,获得独立测量、观察、处理实验(实训)数据、分析实验(实训)结果、撰写实验(实训)报告等能力,培养学生分析解决问题、独立进行科学实验研究的能力和严谨的科学态度。

基本要求如下:

1.实验(实训)课教师应该根据教学大纲的要求,编写实验(实训)大纲,开出规定的实验(实训)项目,选定或编写合适的实验(实训)教材。

2.主讲理论课的教师必须经常了解实验(实训)教学情况,主动与实验(实训)课教师配合,防止理论与实践脱节。

3.实验(实训)教师应按教学要求定期组织集体备课,规范实验(实训)教学内容。

4.实验(实训)课教师在每次实验(实训)前应做好仪器、设备检查等各项准备工作,确保实验(实训)正常进行。

5.实验(实训)课教师应向学生清楚阐述实验(实训)原理、操作规程以及实验(实训)教学要求,实验(实训)示范操作应当熟练、规范。应确保实验(实训)教学的效果和实验(实训)安全。

6.实验(实训)过程中应加强检查指导,观察、记录和评定学生操作情况,严格要求学生遵守实验(实训)规则,合理使用器材,培养学生严肃的科学态度和严谨的工作作风。

7.教师对学生的实验(实训)报告应进行认真批阅,对存在的问题及时讲评,建立起完善的实验(实训)课程考核系统。

8.应积极探讨改进实验(实训)教学方法,不断完善实验(实训)教学手段,不断充实更新实验(实训)内容,开展实验(实训)教学方法、技术、装置改进等方面的研究,及时研究解决实验(实训)教学中的问题,积极开设新实验,实验教学时数在8课时以上的课程,都要开设综合性、设计性实验。实验(实训)室进行开放管理,加强对学生的创新精神和实践能力的培养。

二、实习

实习是教学过程中综合性、实践性的训练,是检查学生在校期间学习成果的重要环节,目的是要求学生综合运用所学理论知识和技能,解决实践问题,培养学生独立工作的能力。

其基本要求如下:

1.实习指导教师应根据各专业人才培养方案所确定的实习计划,按照教学计划规定的时间和实习大纲的要求进行实习指导工作,一般不得随意变动和增减。

2.学生在进入实习前,要对学生进行实习动员及岗前教育。

3.实习指导教师应对实习工作有正确认识和责任感,具有较广博的基础知识、专业理论和岗位工作经验,具有一定的组织才能和实习指导能力。

4.实习指导教师应督促实习学生遵守实习单位各项规章制度,保证实习学生正确地进行实际操作。

5.指导教师应采取多种方式了解学生实习情况,严格要求学生在实习过程中认真做好实习日记,实习结束后要写好实习报告。指导教师应认真评阅实习报告,给出考核成绩和实习鉴定评语。

三、毕业论文(设计)

毕业论文(设计)是教学计划的组成部分,是重要的实践教学环节之一。通过毕业论文(设计)的实践,培养学生严谨求实的科学素养和综合运用所学知识分析、解决实际问题的能力,对学生进行科学研究的基本训练。

其基本要求如下:

1.指导教师根据学院制订的毕业论文(设计)工作计划,参与提供选题、答辩、审定论文成绩等项工作。

2.毕业论文(设计)选题应符合专业培养目标和教学基本要求,应结合教师的科研课题、经济建设、社会发展的实际情况,坚持理论与实践相结合的原则。难度适中,学生能在规定时间顺利完成或取得阶段性成果。学生能较全面地运用基本的专业理论知识和技能,在完成过程中获得基本科研训练,有助于分析问题、解决问题能力的提高和创新能力的提升。

3.指导教师应由教学水平高、科研能力强的具有讲师及以上职称的教师担任,也可由高、中、初级职称的教师组合,并由中级及以上职称教师负责实施指导。每位教师指导学生人数一般文科不超过 8 人,理科不超过 6 人。

4.毕业论文(设计)的质量由课题指导教师负责,指导教师要严把毕业论文(设计)质量关。学校实施毕业论文(设计)的校内抽查和校外送审制度,对抽查和送审不符合学校规定的教师,均按有关规定处理。

四、课程设计

课程设计是针对某一门课程学习过程中的一个综合性实践教学环节,目的是锻炼学生的认识能力和动手能力,培养学生的实践创新意识和创新能力以弥补现行教材知识滞后的缺陷,了解学科发展的最前沿知识。

其基本要求如下:

1. 课程设计应该具有相应的教学大纲、课程设计指导书和任务书。

2. 课程设计选题应符合教学基本要求，目的任务明确，难易适度。选题要达到让学生能综合运用所学知识，提高分析问题、解决问题及实践动手能力的目的。

3. 实验设备、场地及参考资料等条件能满足教学要求。

4. 教师应该具备主讲本门课程的资格，在指导学生过程中，严格要求并认真贯彻因材施教的原则，注重培养学生的实践能力和团队合作精神。

5. 教师应督促学生按照要求，认真、独立完成课程设计，课程设计报告要求思路清晰、文字通顺、书写规范。

6. 教师要严格掌握评分标准，严肃、认真、科学、公正地评定成绩。

在深化高等教育的大环境下，各高校越来越注重实践教学，都不断按照社会对各类专业人才的就业素质要求、区域经济发展水平及时调整和拓展实践教学内容，根据各自的办学特色、社会经济发展的新形势以及科技发展的新成果，都在不断探索设置具有层次性、渐进性、可操作性的实践教学内容，不断完善各自的实践教学体系，实践教学的地位不断凸显。刚刚走上讲台的青年教师，对最新的科研发展动态的掌握具有一定优势，如果能从实践教学入手，不仅可以发挥自身的优势，还可以通过实践教学来带动理论教学水平的提高，尽快完成角色转换。

第三节　多媒体课件制作

随着计算机技术、多媒体技术和计算机网络与通信技术的飞速发展，以及现代教育思想的进步，多媒体课件等教学媒介在我国各级各类学校得到广泛应用，推动了现代教育技术的发展，也给传统教学方法和手段的改革带来了新的活力。多媒体教学作为一种先进的教学手段，具有传统教学手段无可比拟的优势，主要表现在：直观性强、信息量大，能够通过各种媒体的有机结合，形象生动地展示教学的重点、难点，可以活跃课堂氛围，极大地激发学生的学习兴趣和创造性思维；还可以省出更多的时间，教师可以对重点、难点及关键点等内容的教学投入更多的时间和精力，优化课堂结构，提高教学效率，加强课堂师生交流。多媒体课件授课是全面实现教学现代化、提高教学质量的重要手段。

一、多媒体课件制作存在的问题

高校教师应用多媒体授课的比例在逐年递增,我校有些课程如大学英语和微观经济学等甚至已经达到100%。随着使用率的提高,多媒体课件作为先进的教学辅助手段,其优势日益明显。但同时也逐渐暴露出种种弊端,主要是缺乏规范和监管,导致各种课件良莠不齐,有的课程因优秀课件而如虎添翼,而有的课程却因课件质量低劣导致教学质量滑坡,主要存在如下一些问题:

1.由于精力有限或制作水平所限,教师所用课件一般是网上下载或随教材奉送获得,很少有自制课件,导致讲课缺乏自己的风格,有时难以领会制作者的意图,容易犯"照本宣科"的大忌。年轻教师这样做害处更甚,缺乏钻研教材、构思教案、设计教学过程等环节,教学水平难以提高。拿来主义很容易使教学缺乏创造性和主动性,更谈不上形成自己的教学风格,而一味被课件牵着鼻子走,这样的教学无疑是失败的。

2.有些课件设计粗糙,课件质量不高,播放节奏太快,没有设置动画,整屏静态显示,很多内容一起呈现,缺乏循序渐进的过程,导致教学效果不佳。从另一个角度来看,由于课堂节奏过快,教师(尤其是缺乏教学经验的青年教师)往往会加大教学容量。而信息量过大,则会导致刺激过多、强度过大,容易引起学生疲劳,比传统的"满堂灌"后果更为严重。

3.有的课件片面追求漂亮的外观,制作过于花哨,过多地使用与教学内容无关的视频、音频材料,对课件界面做过分的渲染,背景和动画方式搞得很复杂,屏幕渲染过度,过分强调了课件制作技巧和课件表面形式的浮华,其结果是形式掩盖了内容,而不是表现了内容,喧宾夺主,分散了学生的注意力,降低了课堂教学效果,甚至偏离了教学主题。

4.对解题思路的分析缺乏灵活性。上课讲解时有了新的想法,或者学生提出了新问题、新方法,教师难以根据学生的反应及时调整教学节奏,只好采取回避态度,千方百计地将学生引导到课件既定的思路上,使整个教学过程缺乏活力和灵活性,抑制了学生在求知过程中的创造性发挥,这与目前提倡的培养学生创新能力的要求显然是背道而驰的。

5.忽视了与学生的情感交流。在传统教学中,学生常常被教师渊博的知识、富于情感的语言、娴熟的教学技巧所吸引,课堂能形成良好的教学氛围。而在多媒体教学过程中,很多教师不自觉地成了放映员,学生成了观众,没有情感的大屏幕反而成了教学的"主角"。教师关注更多的是多媒体的下一步操作,在不知不觉中忽视了与学生的情感交流。教师在学生心目中只是一个多媒体系统的操作者,师生情感交流被"冷冰冰"的人机交流所取代,导致教学气氛沉闷,这样不但教学效果受到影响,长此以往,还会影响到学生对所学课程的兴趣。

二、多媒体课件的设计原则

多媒体课件制作是否成功,设计非常关键。为实现多媒体课件的优化设计,应遵循以下几个原则:

1. 教学性原则

课件的设计应反映教学目的和教学规律,能够针对特定的教学对象,符合教学要求。多媒体课件应用的目的是优化课堂教学结构,提高课堂教学效率,既要有利于教师的教,又要有利于学生的学。课件的教学目标要明确,题材及媒体应选择得当,针对性强,内容完整;能够突出教学的重点,解决教学的难点,课件的制作直观、形象,有助于学生理清思路;符合学习规律,符合认知学习理论,有利于调动学生学习的积极性和主动性。

2. 科学性原则

课件应取材适宜,内容正确,表达规范,课件演示符合现代教育理念。

3. 技术性原则

课件的操作要尽量简便、灵活、可靠,避免复杂的键盘操作。一个好的课件,一要交互性强、易于操作,二要易于修改。

4. 艺术性原则

课件的设计要满足较高的审美要求,体现较佳的艺术表现手法,整体风格相对统一。课件的艺术性实际上反映了制作者个人的艺术修养。

三、多媒体课件的设计与制作步骤

多媒体课件的开发制作是一个较为系统的工程,应按照一定的流程进行。一般课件的制作过程可分为以下几个步骤:

1. 教学设计

即根据教学内容确定开发目标。教学设计是制作多媒体课件最重要的一个阶段，是课件制作成功的关键。如果把多媒体课件的整个开发过程比作建造一座大楼的话，那么课件的教学设计就是绘制这座建筑图纸的过程。

首先应根据教学大纲的要求，认真钻研教材，明确教学内容、目的和要求，把握好教材的难点、重点。课件要以教材为蓝本，始终围绕教学目标，但又不能被课本所束缚，要充分增加课件的含金量，实现课堂容量最大化，又要做到创新、务实。基于此，多媒体课件开发的目标应为：应用多媒体课件，能够准确、直观、形象地演示教学过程，引发学生主动学习、自主探究，激发其创新思维，掌握新知识。突破课程的重点和难点，从而提高教学质量和教学效率。

2. 脚本制作

"脚本"一词多用于电影、电视剧剧本的拍摄制作中，它的意思是指电视电影在拍摄过程所依赖的文字稿本。设计课件脚本是制作多媒体课件的一个重要的环节，它是整个课件制作的依据，是教师的教学策略的设计到形成课件的过渡，是教学设计和多媒体课件的桥梁。有效的脚本设计既能充分体现课件设计的思想和要求，又能对课件制作给予有力的支持。脚本设计是保证课件质量、提高开发效率的重要手段。

脚本编创工作包括选题，收集有关信息和素材，进行创意描述、文字撰写、内容编排、版面设计、图文比例、画面色调、音乐节奏和交互方式等，最终应细化为"分镜头"剧本。一个有创意的脚本，对提高课件的开发效率，保证课件的质量将起决定性的作用。

3. 素材准备

多媒体素材是课件中用于表达教学内容的各种元素，包括文本、图形、图表、图像、动画、视频、音频等。素材准备就是根据设计要求，采集、编辑制作课件所需的多媒体素材，准备工作一般包括文本的录入，图形、图像的获取与制作，动画的制作，视频的截取及声音的采编等，然后以一定的文件格式存储，以备调用。搜集素材应根据脚本的需要来进行，素材的取得可以通过多种途径，有些素材可以从素材库或在互联网上直接获得，而有些素材专业性较强，需要作者自己动手制作，如利用相机或扫描仪采集图像,然后通过专业的图像处理软件对所获得的图片进行编辑、修改、整合等加工;再如,为了使课件生动形象,利用 Flash 等软件制作动画,演示出用语言和文字难以表述的内容,使之符合脚本的要求。素材要以形象的形式呈现教学内容,以满足学生能够听得懂、看得清、记得牢的要求。

恰当地选择多媒体课件的素材,能使课件表现力更强,形象生动,有利于最大限度地调动学生的学习积极性,提高教学效果。

4. 课件制作

课件制作的核心环节是制作合成,其主要任务是根据脚本的要求和意图设计教学过程,将各种多媒体素材编辑整合起来,制作成交互性强、操作灵活、视听效果好的高质量多媒体课件。制作课件不是简单的媒体组合,而是一个复杂的、需要非常强的动手能力进行艺术加工的过程。制作时要做到界面友好、文字规范、图像清晰稳定、构图与色彩使用正确、版面设计美观、动画设置恰当,要保证在运行时平稳流畅,可控性好,可靠性强,利于学生仔细观察和分析,便于教师操作使用。

制作课件之前,首先要选择一款适合自己的课件制作软件。目前最简单易学、用得最多的是微软 Office 套装软件中的 Powerpoint,这是一个较好的演示文稿图形的制作软件,利用已收集的文本、数据及图片制作出幻灯片,操作简单,在短时间内就可以做出美观、生动、实用的多媒体课件。如果制作的课件要求可控性和交互性较高,可以选择 Macromedia 公司的 Authorware 和 Director MX;要想在课件中加入动画,可以配合采用功能强大的动画制作软件 Flash。除此之外,还可以选择某些专门用于课件制作的软件如方正奥思等。下面的内容主要基于 Powerpoint。

制作 PPT 课件主要需做好以下三个方面的工作:

(1)对象生成。包括文本对象和图形对象。

脚本或素材中的文本一般是 Word 格式,需要转化为 PPT 的对象格式,方法多种多样,应根据具体情况选择合适的方式,下面举一例。

脚本或素材中的文本若含有数学公式,可采用"插入→对象→文档"的步骤,将之转化为 PPT 中的对象,既方便,又美观。若采用公式和文字组合的方式,则给修改带来极大的麻烦。

图形对象除了直接来自素材库;也可在幻灯片中直接制作,PPT 中自带有丰富的绘图工具和强大的绘图功能,只要掌握得好,可以绘制出精美的图形。

(2)版面设计。一个好的课件,首先版面设计应使人赏心悦目,获得美的享受。优质的课件应是内容与形式统一,展示的对象结构对称,界面布局简洁明快、主题突出,色彩柔和,搭配合理,符合学生视觉心理,这样的课件才能让学生感觉舒服,从而引起对课件内容的兴趣,减轻疲劳感。这就要求课件的制作者要有一定的美学观念和审美情趣。

具体标准:字体大小适宜,图形动静结合,间距疏密有致,背景对比清晰,色彩淡雅柔和。

对象对齐是版面整洁美观的重要方面。具体操作:按住 Shift 键,将所需对齐的对象逐个选中;"绘图→对齐或分布→左对齐或顶端对齐等";其他对齐用"Ctrl+移动键"做微调。

(3)动画设计。评价课件质量的好坏,动画设计是关键。首先动画设计应保留板书的大部分优点,符合学生的视觉心理,让他们感觉舒缓、自然。切忌使用太多的播放方式,使人眼花缭乱,学生容易产生视觉疲劳。

现在有很多课件没有进行动画设计,整个幻灯片都是静态显示,所有内容一下全部呈现,显然不符合教学规律。也有些课件正好相反,过分追求动画效果,一个个对象从四面八方飞进来,"犹如一颗颗飞逝的流星从眼前划过",搞得人晕头转向,怎么会有好的教学效果呢?这种过分追求观赏性而忽视实用性的做法完全违背了多媒体课件为教学服务的思想。

动画设计要符合三个原则:细致性原则、协调性原则、连贯性原则。

细致性原则要求在课件制作中,播放对象要尽量小,尽量细,尤其是在思路分析、推理论证等过程中,一定要克服播放速度过快的大忌,做到细而又细,内容逐步显示。如果课件的对象太大,播放太快,缺乏循序渐进的过程,就会严重影响教学效果。

协调性就是舒适性、简洁性。动画设计应保留板书的大部分优点,符合学生的视觉心理,动画的播放效果应与学生的认知相协调。动画设计切忌:播放方式过于复杂,伴音过多、过于强烈。过于"花哨"的设计,会使学生的注意力受到干扰,不能专心思考,影响课堂教学效果。一些结论性的对象为了引起学生的注意可以选择"放大"的动画效果,有的对象还可以伴音播放。总之,"动画"形式不要太单调,也不宜太复杂,动画效果应与"对象"的性质、教师表达的意图、课堂教学的情境相协调,协调的动画和声音有利于营造一种积极的学习气氛,可以突出重点,提高趣味性,吸引学生的注意力。任何不协调的地方都会干扰学生的思路,对学生的学习带来不利的影响。

连贯性原则就是不因"换页"而中断显示。利用课件进行课堂教学存在一个很大的问题:黑板有几大块,板书内容可保留较多,但投影屏幕面积有限,经常遇到一个问题没讲完而屏幕已满的情况,随着幻灯片的"翻页"而演示中断,学生的思维失去了连贯性,这就严重影响了教学效果。采取各种方法解决幻灯片版面的局限性,保证学生思维的连续性,是当前课件制作中亟待解决的问题,也是多媒体课件板书设计中一项非常重要的任务。下面给出一些保持连贯性的制作技巧。

技巧1:"擦"。保留主要部分,"擦去"次要部分,实现传统教学过程中"擦黑板"的效果。具体步骤是:

①复制当前幻灯片,并粘贴在下一页。

②打开新幻灯片,用组合键 Ctrl+A 选中全部对象,在预设动画中选中"关闭"。这样做的目的是使幻灯片切换时所关闭的内容保持静止不动。

③选中所要擦去的对象并进行删除,同时把"幻灯片切换"设置为"向左擦去"。这样在幻灯片切换时被删除的内容就会产生被"擦"掉的效果。

如果在"擦"去的位置再添加文本或对象,就会有在"擦"了以后又继续再"写"的感觉。这样制作的课件不破坏版面的简洁性,还能保证屏幕内容的完整性和连续性。

为了不频繁地更换幻灯片也能达到"擦"的效果,只要插入一个文本框,其大小与要覆盖的区域相同,然后选定该文本框,在自定义动画中选择"擦除"动画效果即可。特别要注意的是文本框的填充色与幻灯片的底色应保持一致。

技巧2:"接"。为了更节省空间,可将前页主要内容保留在幻灯片上部,用线隔开,下面再继续演示。

技巧3:"挂"。在传统的教学过程中,教师为了解决黑板的版面不足而常常将一些相对独立并完整的内容写在小黑板上。在制作多媒体课件时,也可以采用"小黑板"。它可以是一个文本,也可以是一个图片对象,还可以是一个组合。多媒体课件中的"小黑板"常常用于对某一问题进行注释、提示或者补充延续。

技巧4："插"。在推导或演算时，有时需插入一个对象，而不必保留，可采用"插"的方法。具体步骤是：

①在叙述正文时，按正常次序放好需插入的对象。

②复制幻灯片，粘贴在下一页。

③打开新幻灯片，删去插入的对象，并选中所有对象，在预设动画中选中"关闭"。

④继续添加文本或对象。

5.测试修改

测试修改是课件制作过程中的一个重要阶段。多媒体课件在正式使用之前，一定要对课件进行全面细致的组织播放，反复调试，以防止在正式使用时出现不必要的技术性和知识性的错误。一般由学科教师、计算机操作人员和学生等组成测试小组，对已完成的多媒体课件进行安装测试、界面测试、内容测试、兼容性测试和功能测试等。针对测试中出现的问题，要进行及时的修改和完善。考虑到其他用户使用时可能会对运行环境和课件本身的操作有不解之处，在调试工作的最后阶段还应该为课件编写使用说明书等。

至此，课件的制作工作基本结束。最后谈一下"积件"（Integrable ware)问题。

课件的通用性一直是困扰课件开发者的一个棘手问题，"积件式思想"提供了一条解决的途径。所谓"积件式思想"，就是像积木搭建一样进行课件制作，或者像组装电脑一样，一个一个部件地拼。具体来说，就是把在教学内容中需要用到的资料和相关的资源做成一个一个独立的"部件"，让教师均能按自己组织教材的需要，灵活地调用各个部件里的内容，设计自己的教学过程，表现自己的教学风格，而不受课件的限制。

积件是针对课件的局限性而发展起来的新的教学软件模式和新的教材建设思想，由教师和学生根据教学需要，自己组合运用多媒体教学信息资源的教学软件系统。积件思想作为一种关于CAI发展的系统思路，是对多媒体教学信息资源和教学过程进行准备、检索、设计、组合、使用、管理、评价的理论与实践。它不仅仅是在技术上把教学资源素材库和多媒体制作平台进行简单的叠加,而是从课件的制作经验中发展出来的现代教材建设的重要观念转变,是继第一代教学软件课件之后的新一代教学软件系统和教学媒体理论。

积件的最大优点是突破了课件的封闭性,因积件的素材资源和教学策略资源以基本单元方式入库。传统的课件是以教学内容的章节为单位进行开发制作,其突出的不足是不能适应所有教师的教学,积件是改进传统课件不足的一种重要的新设计思想,是计算机辅助教学的一场革命。积件素材将教学信息资源与教学思想、教学方法、学习理论分离,成为教师和学生学习的工具,因而适应任何类型的教师和学生,具有高度的灵活性和可重组性。将过去课件设计者从事的教学设计回归到教师、学生自己的手中。教学设计和学习理论的运用,不是在课件开发之初,而是由师生在教学活动中进行,真正做到以不变(积件)应万变(教学实际),计算机成为课堂教学的有力工具,成为教师和学生个性与创造性充分发挥的技术保障。

积件的积累非常重要,一方面可以从现成的资源(如市场上、网络上的一些相关资源)中收集,一方面可以自己来开发,久而久之,积件库将会越来越充实,课件也会做得越来越丰富。

第四节　在线教学

在线教学,即 E-Learning,是以网络为介质的教学方式,或称远程学习或在线学习。与传统教育相比,在线教育有以下特点:

资源利用最大化:跨越了空间距离的限制,学校可充分利用其他高校的优质资源,同时也可以发挥自己的学科优势和资源优势。

学习行为自主化:任何人、任何时间、任何地点、从任何章节开始、学习任何课程,都可以自主选择。

学习形式交互化:教师与学生、学生与学生之间,通过网络进行全方位的交流。

教学形式的个性化:跟踪个人的学习情况,提出个性化学习建议。

教学管理自动化:咨询、报名、交费、查询、学籍管理、作业与考试管理等。

根据教学资源的传递方式和师生间的互动性,我们可以把教与学分成以下 9 种模式,如图 1 所示。其中,基于网络教学平台的混合式教学、开放式课程、大规模开放在线课程是当前在线教育的主流,而翻转课程将是在线教育的理想教学方式。

1. 基于网络教学平台的混合式教学

基于网络教学平台的混合式教学(Blending Learning),将教师的教学行为由课堂上扩展到了课堂外,学生除了课堂学习外,还可以通过网络教学平台进行学习,大大提高学生的学习效率,这样既可以发挥教师的主导作用,又可以发挥学生的主体性作用。在分析学生需要、教学内容、实际教学环境的基础上,可充分利用在线教学和课堂教学的优势互补来提高学生的认知效果。混合式教学强调的是在恰当的时间应用合适的学习技术达到最好的学习目标。

目前网络教学平台一般具有教学资源共享、网上作业、网上测试、在线交流等功能,能辅助教师实现多媒体在线教学、在线答疑、在线讨论与交流、在线教学评价及在线个别辅导。

浙江工商大学网络教学平台:http://eol.zjsu.edu.cn。

2. 开放式课程

开放式课程,即 OCW(Open Course Ware),将课程的教学材料和课件公布于网上,供全世界的求知者和教育者免费无偿地享用。2001 年麻省理工学院启动的开放课件项目,2005 年国际上成立了开放课件联盟(Open Course Ware Consortium,OCWC),目前有近 200 个大学会员、几十个组织会员,还有一些紧密合作的资源共享联盟,如西班牙语高校开放课程联盟(OCW-Universia)、非洲网络大学(African Virtual University,AVU),日本开放课件联盟(JOCW),中国开放课件联盟(CORE),韩国开放课程联盟(Korea OCW Consortium)等。"十二五"期间我国教育部也加大了精品开放课程的建设,包括精品视频公开课、精品资源共享课。目前,在爱课程网(http://www.icourses.cn)、网易公开课(http://www.open.163.com)上可以获取大量的开放课程资源。开放式课程提供了高质量数字化教学资源,包括课程大纲、教学视频、课堂讲义、试题、补充教材等,但不提供师生互动与答疑机制,也不提供学分、学位或认证。

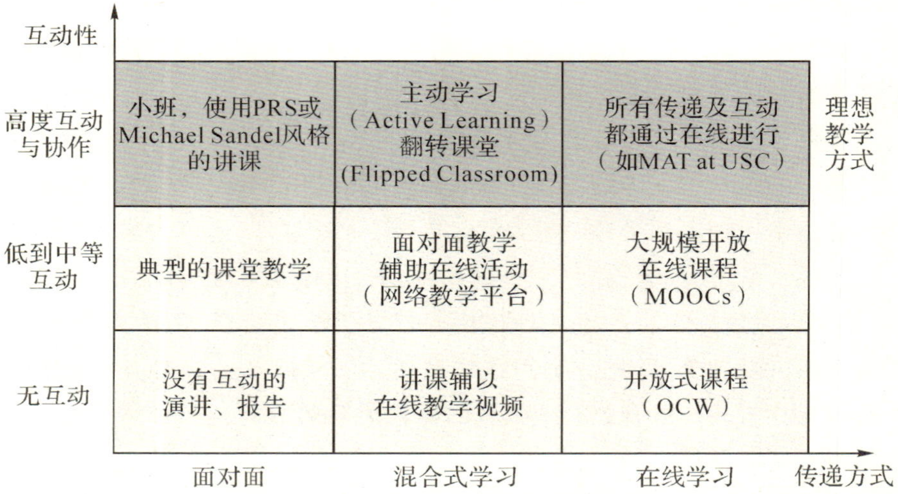

图 1　在线教育(教与学)发展现状与趋势①

3.大规模开放在线课程

大规模开放在线课程(Massive Open Online Courses，MOOCs，慕课)，是目前最能体现开放式教育完整性的在线教育模式。其中，"M"代表 Massive(大规模)，指的是课程注册人数多，最多一门人数达 16 万；第二个字母"O"代表 Open(开放)，指的是凡是想学习的，都可以进来学；第三个字母"O"代表 Online(在线)，指的是时间空间灵活，7×24 小时全天开放，使用自动化的线上学习评价系统，而且还能利用开放网络互动；"C"则代表 Course(课程)。它维持了开放教育与开放式课程的精神，让所有学习者可以免费使用课程教材，通过网络让全世界有心学习的学生选修课程，而且它融合了在线教育的特质，提供了身处教室的临场感，提供师生彼此之间各式的互动交流及评价机制，让学习不受时间和空间的限制。同时，它弥补了开放式课程在教学互动及学习评价等层面的不足，提供了课程结业认证的可能。因此，它将成为未来教育的主流之一。

慕课是一种将分布于世界各地的授课者和成千上万个学习者通过教与学联系起来的大规模开放在线课程。这一大规模在线课程掀起的风暴始于 2011 年秋天，被誉为"印刷术发明以来教育最大的革新"。2012 年，

---

① 参考了香港科技大学 T. C. Pong 的讲座。

被《纽约时报》称为"慕课元年"。斯坦福大学两个教授创立了 Coursera 在线免费公开课程平台,麻省理工学院和哈佛大学联手发布 EDX 网络在线教学平台,慕课已成为当今国际教育界最热的话题。2013 年世界主要发达国家都纷纷推出了自己的慕课平台,如英国的"未来学习"、法国的"数字大学"、德国的"我的大学",欧盟的"开发教育"、日本的 JMOOC 和澳大利亚的 Open2Study,等等。在我国清华大学推出了"学堂在线"、上海市教委推出的上海高校课程中心、教育部的爱课程网、网易云课堂和淘宝同学平台等,一些高校已开始进行慕课的尝试,一些中学已开始通过制作"可汗课"微课程,帮助学生从辅导班、教辅书堆解脱出来。只用了一年多时间,美国的 Coursera 已有普林斯顿、斯坦福大学等 100 余所世界一流大学为其提供了 500 多门优质慕课,来自全球各国的学生人数已经突破了550 多万。慕课正如一股洪流以不可逆转之势向我们各级各类教育的各个层面渗透,使学生有了前所未有的选课自由度,可享受到海内外最优质的教育资源。

目前,也有不少人对慕课存在认识上的误区。第一个认识误区是认为慕课就是网络视频课程。事实上,慕课完全不同于近十多年来兴起的教学视频和网络共享公开课,它具有三个特点:一是大规模,与传统课程只有一二十个或一二百个学生不同,慕课的学生动辄上万人,甚至十几万人,优质教育受益范围可无限扩大;二是微课程+小测试,慕课授课形式生动活泼,充分运用动画、视频等手段,营造一种沉浸式、游戏化学习环境,使教学深入浅出,更加注重发挥学生的能动性;三是很强的教学互动,慕课完全克服了传统网络视频课程单向、没有互动的不足,慕课线上"你提问、我回答",亦学亦师,形成强大的线上学习社区,极大促进了教师与学生之间的互动教学和学生与学生之间的协同学习。

第二个认识误区又有两种极端的观点,一些人认为慕课是万能的,未来教育都可通过慕课来解决;而持反对意见的人以没有师生面对面的知识传授与交流而否定慕课。实际上这两种观点都是片面的。慕课当然不是万能的,重要的是慕课为促进教育公平、提高教育质量、推动教育创新提供了强大的手段。慕课的出现最关键的是引发了教学理念与方法的重大变革。传统的教学模式是老师在课堂上讲课,布置作业,让学生回去做作业。慕课引发的全新的教学模式称为"翻转课堂"。

4. 翻转课堂

翻转课堂(Flipped Classroom)，又译为"反转课堂"。2011年"翻转课堂"在美国各地兴起，并很快就引起了多方的关注。这种新型的教学形式，颠覆了传统意义上的课堂教学模式，通过使用在线视频，将讲课转移到课堂外，教师在课堂主要是通过与学生互动来回答问题、解决问题，从而使教师可以有更多的时间关注有需要的学生。"翻转课堂"可以充分利用现有网上的各种优质教学资源，让学生逐渐成为学习的主角。学生在学习的过程中，可以观看自己任课教师的视频来学习，也可以观看其他老师的视频来学习。而通过课堂的对话和讨论，不仅可以提升学生的学习效果，同时教师可以真正做到因材施教。因此，此种教学模式使得学生在宿舍或在家完成网络在线的慕课学习，而课堂跃升为师生间深度知识探究、思辨、互动与实践场所，使以教师为中心、知识灌输为主的教学模式转变为以学生为中心、以能力提升为核心的个性化教学模式。实践表明，采用这种"翻转课堂"的学习方法，能够大大提高学生的学习效率和效果。这种线上线下混合式教学模式，也称O2O(online to offline)，是既充分利用网络在线教学优势，又强化面对面课堂互动，进行知识传授与探索的全新教学模式，呈现了"未来教育"的曙光。

第五节　教学研究

教学研究能力是高校教师教学能力的重要组成部分。

教育部《关于全面提高高等教育质量的若干意见》明确提出，高等教育要走以质量提升为核心的内涵式发展道路，要求高等学校要通过教学改革立项等机制，鼓励教师开展教学理论研究、教学实践探索和优质教学资源开发，高等学校广大教师要积极探索教学规律，研究和改革教学内容与教学方法，不断提高教学水平。当前，进入大众化阶段的高校比以往任何时候更需要关注教学研究，迫切需要教师尤其是广大青年教师积极参与教学研究，促进教学质量的全面提升。

教学研究是深化教学改革的内在要求。我校对教学研究日益重视，支持力度不断增大，出台《本科教学质量与教学环境工程项目管理办法》就是其中一个重要举措。

一、对高校教师教学研究能力的认识

教师首先要对教学研究有一个正确的认识。

有些教师尽管承认教学是自己的主要任务,但认为教学研究不是自己的而是专职教育教学研究者的职责,这种想法使得他们把自己视为教学研究的局外人,不主动参与教学研究。还有相当一部分教师认为,要讲好课只要懂专业知识、提高学历就行了;并认为只要教的时间长了,自然而然会成为好教师。这显然对教师职业缺乏专业认识,同时混淆了理论指导与教学实践经验的相互作用的关系。每个教师,尤其是非师范专业毕业的青年教师,都应该认真学习教育理论知识,努力掌握教学基本技能,特别是要研究教学法,以弥补自身的先天不足。

教学研究即研究教学,简称"教研",是探求教学的真相、性质、规律等的活动。加列认为,教学研究主要探讨和回答三个问题:教师的教学是怎样的,教师为什么那样教学,那样教学的效果怎样。教学研究的目的是研究并解决教学中的具体问题,提升教学实践的科学性,为教师改进教学方法、提高教学质量提供参考和指导,所以,教学研究应立足于对教学的反思性、探究性研究,以解决教学活动中的各种实际问题。

教学研究既不同于单凭经验来解决教学问题,或机械照搬现成的方法来解决教学问题,也不同于范围宽泛、理论深奥的教育科研。教学研究的目的很直接,即为了搞好教学,为教学实践活动服务,提升教学质量;教学研究的对象很明确,即教学实践活动中的真问题,它来自于教学实践,又必须在教学实践中解决并应用于教学实践。教学研究的任务很具体,一是探索、揭示和发现教学活动的内在规律,自觉遵循规律,以达到事半功倍的效果。二是研究教学实践中出现的问题,查找原因,分析对策,改变不符合教学规律的思想、做法,使教学实践更具科学性和有效性。所以,教学研究是进行教学改革、优化教学过程、提高教学质量的基础和关键,对教学具有全面的促进作用。如果教师教而不研,教就缺乏科学性,教就失之于平庸和肤浅;如果研而不教,研究缺乏针对性和实用性,就会失之于空泛。

教学活动也是一种学术活动,教师要充分认识教学的学术性,把教学作为一种学术事业来对待,积极主动地研究教学,意识到高质量的教学研究也是一种学术活动；才能重视教学，用学术的标准来衡量教学，要求教学；才能全身心投入教学，孜孜不倦地研究教学，提高教学的学术水平。

教学研究是教师提升自身教育素质的最好途径。可以说，一个称职的教师不仅要善于教学、工于教学，而且要勤于教研、长于教研。这既是提高其教育教学理论修养、改进其教学方法、培养其教书育人综合素质和能力的需要，也是在新形势下对每一个教师搞好教学工作的起码要求。因此，教师职业本身就决定了教师应具有双重角色或双重职能，即既是教育者，又是研究者；既有"教"的职能，又有"研"的职能，做到研教结合、教研一体，联系教学搞研究，搞好研究为教学。只有在实践中达到二者的辩证统一，才能有效地提高教学质量，提高教书育人的效益和水平。正是从这个意义上说，教师应成为教学研究的主力军。

教师只有充分认识了教学研究的价值和意义，才能从思想上高度重视教学研究，在行动上积极投身教学研究，从教学内容、教学方法、教学组织形式、教学手段等诸多方面认真研究教学，从而提升教学研究水平，增强教学研究能力，提高教学质量；才能在工作中正确处理教学与教研、科研与教研的关系，才有可能实现自己的事业追求，成为一名为学生所欢迎、为社会所尊重的优秀教师。

二、开展教学研究的途径

高校教师开展教学研究工作有三种基本途径：专家引领、同伴互助、自我反思，具体来说有以下几个方面。

1.教学研究与教学实践相辅相成

教学实践是进行教学研究的基础。只有躬耕教坛，认真实践，才有可能获得教学研究所需要的思路和第一手材料。教师要在教学实践中，根据课程特点不断更新和优化教学内容，改进教学方法和手段，探索适合本课程的学业成绩考核、评价方法，增强课程的吸引力，激发学生的学习兴趣，促进有效教学，提高教学质量。

2.教研室的教学研究活动

要加强教研室的教学研讨，开展多种形式的教研活动，如集体备课、研讨、说课、观摩、培训、优质课评比等，认真探讨教学内容与教学进度，及时补充和更新教学内容，把握学科前沿，跟踪学科发展趋势。开展经常性的相互听课和相互评课,教研室教师间就备课、改善教学方法、提高教学艺术等问题进行常态化研讨和交流,有助于取长补短,有助于青年教师成长,有助于教师提高业务水平,从而提高课堂教学质量。

教学研究的直接目的是为了搞好教学工作,提高教学质量。主要途径是通过开展多种形式的教研活动(如说课、观摩、集体备课、研讨、培训、优质课评比等)进行的。

3.外出考察调研与参加学术交流

教师通过外出考察、学习、调研及参加学术会议交流,了解社会和经济发展对知识结构的需求,结合自身专业及所授课程,针对性地了解学科前沿、社会需求、教学模式、教学内容、课程设置、教学方法以及教学管理等各个领域中的先进思想、先进理念及成功经验,以提高自身的理论水平和业务水平。

4.教学研究立项

以院级、校级或省级教学研究立项为基础,加大投入,引导和推动教学改革走向深入。加强学科建设,推出品牌、特色专业建设,精品、优秀、重点课程建设,重点教材建设,多媒体网络课件建设,实验室与实习基地建设。同时进行双语教学改革、考试改革、教学方法与手段改革、人才培养模式的探索与实践、两课教学改革、教学管理、教学评价研究与改革、各种教学评估、教学团队建设等项目。通过立项研究,结合学校实际对教学难点或症结开展研究,加强教学内容和课程体系改革,探索出科学合理的教学评价标准与方法、更新教育思想和教育观念、改革教学模式和教学方法,强化实践技能,以提高学生综合素质和人才培养质量。

教师主要的工作是教学,我们不赞成放弃教学搞研究的做法,而提倡将教学与研究有机结合,也就是尽量做到忙时积累与闲时消化相结合。所谓忙时积累,因为教师不是专业研究人员,不能坐下来搞专门的研究,在教学忙碌紧张的间隙,积累一些有用的资料。积累资料的方法多种多样,有卡片式、索引式、图表式、剪辑或摘录式、读书笔记式、教学笔记式、教学后记式等;积累的范围尽可能广泛,包括自己的、他人的、抽象理论的、具体案例的、正面的、反面的、国内的、国外的,兼收并蓄,为我所用。所谓闲时消化,就是利用假期、双休日来整理平时积累所得材料进行研究。教师一年当中有两个假期,加上双休日和各种节假日,如果能够充分利用这些时间做研究,一定会有所收获。

同伴互助是教学研究的良好习惯。高校教师不坐班,教师之间的接触和交流很少,要想向同事学习,与同事交流,就要加强教师之间的专业切磋、协调与合作。共同分享经验,互相学习,彼此支持,共同成长。同伴互助的实质是教师之间的交往、互动与合作,它的基本形式是对话与协作。青年教师由于缺乏实际经验,尤其需要培养协作意识,要多向教学经验丰富的老教师学习和请教,这样有助于自身的快速成长。

教师进行教学研究的途径是多种多样的,只要我们立志在教育事业上有所作为,就一定能够找到自己研究的切入点和突破口,协调处理好各种关系,将主观努力和客观条件有机结合起来,从而开拓教学研究的广阔途径。

三、教学研究的一般过程和方法

一个比较完整的教学研究通常包括选定研究课题、查阅文献、制订研究计划、实施研究计划、分析资料和概括总结、撰写研究论文六个步骤。

1.选定研究课题

选题是教学研究的首要环节,也是关键环节。研究者根据教学实践的实际需要,确定将要研究的题目。

选题一般要遵循以下几个原则:

(1)科学性原则。即选题要确保科学性和合理性,从而保证教学研究的正确方向。

(2)重要性原则。即选题要确保是有价值的选题,包括有实践价值和理论价值的选题。教师应该选择教学实践中迫切需要解决的、十分重要或关键的问题作为自己的教学研究选题,当然也可以选择具有理论价值的选题。

(3)独创性原则。大学教师必须具有原创性才智,选题应是前人或他人尚未提出,或尚未解决,或尚未很好解决的课题,以自己独特视角或方法去研究,使研究具有创新性。遵循选题独创性原则,需要教师具备独特的眼光、敏锐的判断和批判性思维,也需要教师广泛、深入的检索、回顾、评述文献,要特别注意对前人或他人研究的吸收、继承、深化和创新,还需要避免简单移植、借鉴、验证、重复的选题。

（4）可行性原则。遵循选题可行性原则，教师要做到两点：一是充分考虑自身条件，如专业水平、研究能力、教学理论基础、时间与精力，处理好教学研究与完成教学研究任务可能性的辩证关系，确保选题能够顺利完成；还要考虑外在条件，如研究经费、支持性政策、特殊权限等。二是题目大小要适度，不宜过大，力求使所研究的问题清晰、具体与可行。

选题的方法主要有以下三种。

（1）理论指导选题方法。成熟教学理论面临教学实践挑战，向教师提出了很多研究选题。例如，高校教学要培养创新型人才，向知识与能力关系理论提出了挑战；因材施教理论面临我国高等教育大众化导致班级教学规模过大的挑战等问题。

（2）实践导向选题方法。教学研究的直接目的是为了搞好教学工作，提高教学质量，因而实践导向选题的方法是最重要的选题方法。这种选题方法具有针对性强、实用价值大、教师熟悉和便于操作等优点。教学实践中的问题面广量大，只要教师具有问题意识，并且善于观察和思索，就不难发现值得研究的课题。

（3）专家引导选题方法。对刚从事教学研究的高校教师来讲，要选到重要且适合自身条件和外界支持条件的研究课题，并非易事，应该在教育教学理论工作者、教学实践专家、教学研究专家、教育教学研究经验丰富的教师引导下进行选题。

2.查阅文献，做好文献综述工作

查阅与研究课题有关的各种参考资料，了解有关研究课题的发展脉络、现有研究水平及其发展趋势，了解哪些问题已经解决、哪些问题尚待解决等，避免重复研究，使研究在前人的基础上进行，并力争有所创新。了解有关研究课题的理论基础，以开阔视野，使研究走向深入。

文献来源主要为期刊、图书和网络资料。期刊具有专业性强、信息量大、内容新颖、时效性强等特点，因而更被重视，是高校教师教学研究的第一大文献来源。图书是科学知识的总结，具有内容全面、系统、理论性强、论点成熟等特点，是高校教师教学研究的第二大文献来源。第三个来源是网络文献。在方便快捷的网络检索工具和容量极大的网络资源不断增加的今天，网络文献所占比例在不断地增大。

3.制订研究计划,做好开题报告工作

根据研究的目的,课题的内容、性质、特点和研究对象等来制订研究计划,包括选择适当的研究方法,设计研究方案,确定研究步骤和时间分配,制订实施策略,明确研究中可能遇到的问题的拟解决办法等,对将要开展的研究进行总体规划。

4.实施研究计划

把研究计划付诸实际行动的过程,是研究工作的主体阶段。这一阶段的主要工作为:运用各种研究方法和手段进一步搜集、整理和加工资料,使研究课题逐渐明朗化。

5.分析资料,概括总结

思考和分析资料,揭示出事物本质,概括出研究结果。

6.撰写研究论文

将研究结果用课题研究报告、论文或专著的形式表达出来,以利于交流和推广。教学研究论著的撰写是高校教师对教学研究的总结、提升。

一篇严谨和规范的论文一般有引言、正文和结论三个部分。论文的引言(或绪论)要简要说明研究工作的目的、范围、相关领域的前人工作和知识空白、理论基础和分析、研究设想、研究方法、预期结果和意义等,应言简意赅;正文是论文的主体,要求主题突出,观点鲜明,逻辑严谨,论点明确,论据充分,论证严密,表达流畅;论文的结论是最终的、总体的结论,而不是正文内容的简单重复,应该准确、完整、明确、精炼。

以上是教学研究的基本过程,但在具体研究过程中并不是严格地依次进行的,而是交错进行的。例如,在选题之前往往就要查阅资料;在撰写论文的过程中还需要查阅资料;整理和加工资料时也要对资料进行适当的分析和总结,并阶段性地概括结论;撰写论文看起来是教学研究中的最后步骤,实际上在搜集资料、分析资料的过程中就应对论文内容进行设计构思,逐步确定论文的框架并写出初步明确的概要。

教学研究成果源于教学实践,最终又要回到教学实践中,指导教学实践。如果教师远离教学实践,教学研究不切实际,致使教学研究和教学实践成为没有毫无联系的"两张皮"。如果或者教师取得研究成果后,热衷的是成果发表,而不是指导教学,改进教学,提高教学质量,这样的教学研究就起不到应有的作用。

教学研究的目的是通过对教学问题的研究,促进教师教学水平的提高,促进教学学术品位的提升,促进教学内容的创新、教学方式方法和手段的革新。总而言之,教学研究旨在研究教学中的一切问题,包括课程设置,人才培养方案的设计和修订,教学内容和教学资源的开发,也包括教学方法、教学评价制度的改革,等等。这些问题都关乎教学质量和人才培养质量。教学研究的方式很多,教学日志、教学反思、教学案例、教研活动等都是很好的方式,但无论哪种方式都必须针对教学实践中的真实问题。希望所有的教师都重视教学研究,也希望"教学研究常态化",让教学研究成为每一位教师习惯性的学术行为,这样,学生才会受益,教师才会有幸福感,人才培养质量才会提高,我们的大学才会有更好的发展。

第四章　高校教师科研能力

第一节　资源利用

一、数字资源

随着计算机和网络技术的飞速发展及计算机使用的普及,数字资源越来越广泛地被人们所利用和喜爱,上网已成为人们查阅、浏览、获取信息资源的主要方式。数字资源是数字化了的信息资源,是指以电子数据形式,把文、图、声、像等多种形式的信息存放在光、磁等非印刷载体上,并通过网络通信、计算机终端等方式再现出来的信息资源。数字资源和纸质等资源一起,成为目前文献信息传播和交流的形式。

数字资源与纸质资源相比,数字资源具有以下优点:

1.信息存储容量大,载体体积小。

2.传播速度快,无时空界限,便于共享。

3.资源具有整合性,更新快,时效性强,可回溯,有史料性。

4.使用方便,可对信息进行各种处理。

5.检索快速便捷、范围广。

6.信息的传播和交流互动性强。

数字资源的传播读取可分为单机、局域网和广域网等方式。单机利用可以是光盘或安装在一台计算机上的数据;局域网内部利用是用户能在机构内部浏览检索数字资源,但在机构的局域网以外的网络环境中不能访问;广域网方式是指用户可以在任何一个拥有 Internet 的地方通过一定的身份认证方式或者不需认证就可以访问数字资源。

随着计算机和网络技术的飞速发展、计算机使用的普及,数字资源越来越广泛地被人们所利用和喜爱,已成为人们查阅、浏览、获取信息资源的主要方式。图书馆作为文献信息的收集和传播中心,十分注重数字化信息资源的建设,以浙江工商大学为例,现有中外文数据库 30 余个,拥有电子图书近 90 万种,中文全文期刊 13000 余种,硕博论文全文 90 万篇。还有统计类数字资源 6 个,视频资料数据库 3 个,学习数据库 1 个(该统计数字至 2009 年 9 月)。图书馆还自建了随书光盘数据库。可谓内容丰富、形式多样,除了这些全文数据库,还有各种二次文献,如文摘、题录和书目数据的数据库。

二、电子图书

1. 超星图书馆

超星图书馆有丰富的电子图书资源以供阅读,其中包括文学、经济、计算机等五十余大类,现有 228 万种中文图书元数据、140 万种图书全文。全文总量 4 亿余页,数据总量 30000GB,并且以每年 10 万种的速度增加与更新,是目前世界最大的中文在线数字图书馆。目前我校图书馆购入了超星数字图书馆的 84 万多种图书,包含所有学科领域,内容丰富,可以通过分类、书名、作者等途径进行检索阅读。

浏览全文前须下载、安装超星电子图书浏览器。

2. Apabi 电子图书

Apabi 电子图书是由北京大学方正公司开发的数字图书系统,该公司目前已经与 400 家出版单位合作出版网络电子图书。我校图书馆购买了 35000 种方正 Apabi 的教学参考书,涉及我校大部分学科。

浏览全文前须下载、安装方正电子图书浏览器。

3. 读秀知识库

读秀知识库是由海量文献资源组成的庞大的知识系统,现收录 228 万种中文图书信息,占已出版的中文图书的 95％以上,可搜索的信息量超过 6 亿页。它集文献搜索、试读、传递于一体,是一个可以对文献资源及其全文内容进行深度检索,并且提供文献传递服务的平台。它不仅提供传统的文献信息,还提供封面、版权页、目录、前言和正文 17 页的阅读。

此平台采用 E-mail 进行文献传递,提供图书单次不超过 50 页的文献传递,同一邮件地址同本图书一周累计传递量不超过全书的 20％。读秀是非常丰富实用的中文电子文献资源，是进行学术研究的好帮手。

三、中文电子期刊

1. 中国学术期刊全文数据库（CNKI）

中国学术期刊全文数据库是目前世界上最大的连续动态更新的中国期刊全文数据库，目前收录7600多种重要期刊，内容覆盖自然科学、工程技术、农业、哲学、医学、人文社会科学等各个领域，其中核心期刊1735种。至2006年3月31日，4000多种期刊回溯至创刊，最早的回溯至1915年。累积期刊全文文献1750万篇。

知识来源：国内公开出版的7600种核心期刊与专业特色期刊的全文。

覆盖范围：理工A（数理化天地生）、理工B（化学化工能源与材料）、理工C（工业技术）、农业、医药卫生、文史哲、经济政治与法律、教育与社会科学、电子技术与信息科学（远程和镜像均可查阅）。

2. 中文科技期刊数据库

中文科技期刊数据库是由科技部西南信息中心重庆维普资讯有限公司开发研制的中文电子期刊数据库。该库具有时间跨度大、收录期刊范围广、系统性强、种类多及文献量大等特点。

海量数据：包含了1989年至今的8000余种期刊刊载的2000余万篇文献，并以每年250万篇的速度递增。

覆盖范围：涵盖自然科学、工程技术、农业、医药卫生、经济、教育和图书情报等学科的8000余种中文期刊数据资源。

分类体系：按照《中国图书馆分类法》进行分类，所有文献被分为8个专辑，即社会科学、自然科学、工程技术、农业科学、医药卫生、经济管理、教育科学和图书情报。8大专辑又细分为36个专题（远程和镜像均可查阅）。

3. 万方数据知识服务平台

万方数据知识服务平台内含中国数字化期刊全文库、学位论文全文库、学术会议论文全文库、法律法规库、方志库、专家博文库、科技成果库、专利库、中外标准库、西文期刊库、西文会议库、科技动态库。

万方学术期刊全文数据库内容：自1998年开始，主要以2000年以后的期刊为主。收录的期刊以核心期刊为主,内容涵盖基础科学、社会科学、经济财政、哲学政法、教科文艺、工业技术、农业科学、医药卫生等 8 大类近 6000 余种期刊,其中核心期刊 2600 余种。

中国法律法规库收录了自中华人民共和国成立以来颁布的国家法律、行政法规、部门规章、司法解释、其他规范性文件以及相关的外国法律法规和国际条约,并且有裁判文书、公报案例、文书样式等全文字库。

方志库收录全国范围内的各级各类新方志 20416 册,所收录新方志类型包括:综合志、部门志、地名志、企业志、学科志、特殊志及地情书等。

万方数据科技信息系统是中国统一完整的科技信息群,汇集中国学位论文文摘、会议论文文摘、科技成果、专利技术、标准法规、科技文献、科研机构、科技名人等近百个数据库。

4.Apabi 数字资源平台

(1)方正 Apabi 电子图书资源库:是方正 Apabi 数字内容资源的核心部分。目前方正与近 500 家出版社全面合作,在销电子图书达 42 万种,涵盖了社科、人文、经管、文学、科技等各种分类,已经形成了最大的中文文本电子图书资源数据库。

(2)方正 Apabi 高校教参全文数据库:是方正于 2003 年 5 月与 CA-LIS 管理中心全面开始合作,针对高校数字内容需求,整理、搜集和解决数字版权的专业的经典教材和高校指定教参的专业数据库,教参数据库覆盖"文、理、工、医、农、林、管"等重点学科,着重发展"计算机""经济管理""财政金融""外语""通信""能源""生物"等热门、新兴前沿学科。

(3)中国年鉴资源全文数据库:收录年鉴 750 多种,6000 余卷,包括统计年鉴等众多资源。

(4)中国工具书资源全文数据库:精选收录国内各大出版社出版的精品工具书资源 1200 余种,其中包括像《辞海》《汉语大词典》《中国大百科全书》等在国内公认的精品工具书。

(5)中国报纸资源全文数据库:收录报纸 300 多种。

(6)中国艺术博物馆包括:中国美术馆、中国书法馆、民间美术馆、世界美术馆、红色艺术馆共计 88000 张珍贵图片。

(7)北京周报:收录了自 1958 年创刊至 2007 年共 50 年间发布的报纸,并以英、德、法、日、西班牙语 5 种语言提供服务。

(8)国学要览：收录了包括义理之学、考据之学、辞章之学、经世之学、科技之学在内的，承载着中国传统文明精髓的古籍图书。

5.律商网

(1)中文法律法规集成服务。全面、系统地收集了中国的法律法规，且明确标示各法律法规的出处、有效性及有效范围，同时提供法律有效性和有效范围的查询功能。个别经修改的法律法规，律商网还提供不同的版本，并且标出修改的具体条款。

(2)法律法规翻译。律商网提供中文法律法规、案例分析及法律实务内容的英文翻译，英文翻译由具有法律和英文双学位并且获取国家二级及以上翻译资质的国内翻译公司进行初次翻译，初稿完成后送给精通汉语和英语的外国法律专家校对，其校对后的文稿由律商网的内部编辑和专家进行最后的审核，以保证翻译的高质量。同时，重要的法律法规的翻译将在出台后的24—48个小时内完成，库内的翻译总量以每月数百篇的速度进行更新。

(3)法律税务实践指导。为法律与税务方面的工作人员提供与各自领域内专家进行交流的机会。根据其在日常实践当中所遇到的实际问题以及应对的方法、操作流程等宝贵心得与大家分享。

(4)专业书刊浏览下载

与专业机构合作，在网上发布相关专业著作、专业期刊的电子版，方便用户随时随地地翻阅研读，协助用户更全面、及时地理解和掌握政策法规及有关行业、领域的发展变化。

(5)实用资料汇聚

汇集了常用的政府部门办事表格及合同样本，目前已收录相关的税务、外贸、劳动关系等领域的报名表、申请表、报表的资料，合同样本则超过700个，其中包括国家工商管理局、建设部等政府部门发布的标准格式合同。丰富的实用资料使各领域的业务流程、办事程序一目了然，各类合同、报表可以即时下载、打印和使用，方便用户快速获得准确资料，显著提高办公效率。

6.北大法意法规库

北大法意法规库是由北京大学实证法务研究所联合北京大学法学院、北京大学图书馆共同研发和维护的法律数据库网站。专门为司法机构、各行业、各领域的法律、法学工作者以及法学院的师生提供专业系统的法律信息服务。

（1）仅大陆法规就超过 33 万条的数据量，是从新中国成立至今最为完备的法规数据库之一。法院案例库为案例教学、实证研究、学术制作、比较法学提供十几万的案例数据资源。合同文本库为该领域里数据最为完备、体系最为完善、功能最为强大的合同签约自助系统。

（2）网络资源每日更新。各个子库不仅提供便捷的快速检索和二次检索、功能先进的高级检索、分类专业的引导检索，还提供法规文本链接、中英文法规对照、法规案例全互动链接等多种强大的实用功能。

（3）内容包括：宪法法律数据库、行政法规数据库、司法解释数据库、部委规章数据库、地方法规数据库、江苏省法规数据库（专项提取）、政策纪律数据库、行业规范数据库、军事法规数据库、国际条约、大陆法规英译本库、香港法规库、澳门法规库、台湾法规库、立法资料库（附赠）、行政执法库（附赠）、法务流程库（附赠）。

（4）检索功能：法规层级引导检索系统、法规专题引导检索系统、法规主体引导检索系统、法规快速关键词检索系统、法规高级条件性（关键词）检索系统、法规行业检索系统、跨库综合检索（两个以上数据库可使用）。

（5）数据统计：大陆法规 423853 部、大陆法规英译本库 3700 部、国际条约库 5033 部、立法资料库 7205 部、行政执法库 1380 部、法务流程库 5923 部。

（6）数据来源：各种数据通过官方权威机构采集。

（7）更新承诺：每日在线更新 100 部以上的大陆法规库，全年更新大于 3 万部以上。

7. 中文社会科学引文索引（CSSCI）

中文社会科学引文索引是从文献之间的引证关系着手，去揭示科学文献之间（包括学科之间）的内在联系。它从引文去追溯科学文献之间的种种内在联系，通过文献计量方法的处理，就可以找到一系列内容相关的文献，从而可以分析出某一学科的研究动态、发展情况，以及该学科的核心作者群。它可以根据某一名词、某一方法、某一理论的出现时间、出现频次、衰减情况等，分析出学科研究的走向和规律，还可得出多种统计、排序信息。由于它的重要作用和强大功能，受到全世界科学研究人员的普遍欢迎,产生了极为广泛的世界性影响。美国科学引文索引(SCI)已被许多国家和地区作为评价科研能力和水平的最重要工具之一。

南京大学研制的《中文社会科学引文索引》(CSSCI),是教育部人文社会科学重大研究项目。CSSCI严格挑选了中国大陆出版的中文人文科学、社会科学学术期刊四百多种,我校《商业经济与管理》入选其中。

《中文社会科学引文索引》(CSSCI)有以下用途:

(1)利用 CSSCI 开展人文、社会科学研究。CSSCI 主要从来源文献和被引文献两个方面向用户提供信息,还可提供特定论文的相关文献情况,为科研人员的研究工作提供了方便。

(2)利用 CSSCI 进行社会科学研究评价与管理。所收的期刊是严格按期刊影响因子分学科排序位次和国内知名专家的定性评价相结合而产生出来的。因此,CSSCI 所收录的论文和被引情况可作为社会科学研究评价指标之一。

(3)利用 CSSCI 进行人文、社会科学期刊评价与管理。CSSCI 系统可以提供期刊的多种定量数据,由期刊的多种定量指标可得出相应的统计排序,由此可评价期刊的学术影响和地位。

8.人大复印报刊资料全文数据库

中国人民大学《复印报刊资料》涵盖面广、信息量大、分类科学、筛选严谨,是国内权威的社会科学、人文科学专题文献资料库。该数据库从全国 3000 多种报刊上精选出人文、社会科学论文的全文,按专题分类编辑,分为教育、文史、经济、政治类。现每年增加文献约 2.5 万篇,每篇记录包括文章的题录、文摘、全文等著录项。查寻结果可拷贝、转存、自定义打印,查询途径多样,方便快捷。

四、图书馆信息咨询服务

1.咨询

读者在利用图书馆数字资源过程中有任何问题,都可以通过以下方式向图书馆咨询和反映。以浙江工商大学为例,可通过以下方式咨询:

(1)网上咨询台:图书馆主页上的网上咨询台(http://lib.zjgsu.edu.cn/)。

(2)现场咨询:图书馆信息咨询部。

(3)电话咨询:0571—28877624 或 0571—88071024—8241。

(4)电子邮件:tsg@mail. zjgsu. edu. cn。

2.用户教育、辅导

图书馆举行数字资源宣传月活动(如浙江工商大学图书馆在每年 10 月),全面宣传数字资源和使用方法;常年举办讲座,接受读者的辅导预约。

3.文献传递、馆际互借、代查代检

高校图书馆一般与中国国家图书馆、北京大学图书馆、中国高等教育文献保障系统(CAILS)、中国高校人文社会科学文献中心(CASHL)、国家科技图书文献中心(NSTL)等单位建立了馆际互借和文献传递关系。教师和研究生通过各种途径查到的文献,如果图书馆没有收藏或没有全文,都可以发邮件到信息咨询部,通过文献传递、馆际互借的方式获得文献。

教师如果检索文献有困难,图书馆工作人员可以代查代检。有需要的读者可以和图书馆信息咨询部联系。

第二节　学术论文撰写

一、撰写学术论文的资料准备

俗话说:"巧妇难为无米之炊",教师做科研,如果没有足够的知识储备,是写不出也写不好学术论文的。就一门学科而言,你要为你从事的学科归属定位,在搜集资料时才有针对性。比如,语文学科教学论,属于三级学科,其上一级学科是课程与教学论,一级学科是教育学。同时,这个学科又属于交叉学科,与汉语言文学相关专业都有一定的联系。因此,这个专业方向的教师在进行知识储备时,必须分层次、有重点地读书。包括哲学、教育学、教育心理学、学习理论、教育史、古代文学、现当代文学、现代汉语、古代汉语、语言学、文字学等学科和专业的书籍约占 30％,课程与教学论、语文课程与教学论方面的书籍要读 70％。至于泛读书籍和杂志,应该是广览博取,不限数量,最好是带着问题读书,根据研究需要和兴趣点而有选择地读书。在精读和泛读过程中,留意科研空白点、学术矛盾点、学术争鸣点、学科交叉点、理论前沿点等,提出相关问题,深入思考,并带着此类问题阅读相关理论书籍和文章,为学术论文的选题和资料储备做好充分的准备。这都是撰写出有新意的学术论文不可或缺的重要环节。

二、学术论文撰写的方法

1. 实践法

现在很多高校教师步入了一个认识误区,这也是他们很长时间没有取得丰硕的科研成果和具有较强的科研能力的重要原因。他们可能习惯性地认为,教学期间,读的书多了,积累的知识多了,自然就会有很强的科研能力,也就可以写出高水平的学术论文和毕业论文。其实,如果教师不加选择、盲目地读书,学到的很多知识是没有用的。因此,教师应有选择地读经典著作。仅此还不够,众所周知,科研的能力是需要长期锻炼和培养的,而绝非仅仅是知识积累的结果。有的人读了一辈子书,却是"两脚书橱",思想观念落伍,没有将所学知识转化为研究成果,对后人也无所裨益。就教师而言,平时读的书很多,但是由于不注意练笔,结果眼高手低,最后也写不出像样的学术论文去公开发表。这种现象应引起高度重视和深思。笔者认为,教师在读书过程中,要充分利用图书馆、网络,搜集相关研究资料,分类存储以备后用。同时,注意围绕热点或自己关注的问题,写心得体会、研究综述和学术评论等文章,善于借鉴学术界有创新意义的学术观点并尝试运用到自己的写作实践中。

2. 模仿法

在学术论文写作中遇到最大的困难可能就是,不知如何选题,不知如何搜集和运用资料,不知如何搭建论文框架结构,也不知写些什么内容,总之不知如何下手。因此,模仿法特别适用于初学论文写作者。在实践中有人会反映,很多学术大家的论文,艰深难懂,看后会产生畏惧写作的心理;有人反映,看了一线教师教研论文,觉得简单,但又不会写,因为缺乏实践经验;还有人反映,论文创新太难,误认为创新就是"全新",由此不敢写作。其实,创新不等于"全新"。创新的要点很多,包括题目的创新、结构的创新、思路的创新、观点的创新、参考资料的创新以及研究方法的创新等诸多方面,一篇文章具备的创新点越多,其创新性也就越强。我们在写作时,不要盲目追求"全新",先低标准要求自己,找一篇同类或类似的文章(和自己研究水平相当或略高)做参照。可以在行文结构、语言风格等方面进行模仿,而后逐步修改,走模仿到创新之路。

3.切块法

学校要积极鼓励教师参加调研课题和书稿的撰写工作。一般而言,一个课题或一部书稿,都有明确的结题或完稿的时间限定。这种紧迫性就要求参与者必须潜心读书,严格要求自己,认真撰写出高质量的研究成果来。不论是结项还是著作出版,都要经过有关部门鉴定和认可,这无形中给参与者增加了压力,也增加了科研的动力。当教师在搜集资料、撰写研究报告或书稿的过程中,可以从中抽出有价值、有新意的部分,独立成篇,用于发表。由于是在接受重要任务中写出的文章,因此发表在比较权威的杂志上的机会也比较大。

三、发表学术论文的主要途径

1.了解与专业相关的杂志信息,做好摘录工作

这类杂志包括专业杂志、非专业杂志,重点摘录该杂志的刊物级别、主办单位、编辑部地址、联系电话、电子信箱以及主要栏目编辑姓名等信息。如果有些杂志不方便找,可以通过中国期刊网等查找有关信息。此方法,一是可以大大节省因投稿而查找投稿地址、电子信箱等所需要的时间,二是也可以在投稿一段时间后,通过打电话、发邮件的方式了解稿件采用与否等情况。

2.针对撰写的学术论文内容,了解有关杂志刊登的文章信息,有针对性地投稿

当前,很多教师反映,辛辛苦苦写出来的文章,竟然难以发表,论文写作的积极性大大受挫。究其原因,主要是缺乏投稿针对性造成的。如何提高针对性和命中率?笔者认为,首先,要了解所投刊物的主要栏目,看你的文章是否能在所投刊物上找到属于自己的位置。其次,要注意刊物上附登文章的长短,如果要求4000—6000字,那么你的3000字或10000字左右的文章就不合适,要么另投他刊,要么修改以符合刊物的版面要求。再次,要注意刊物上刊登的文章是否有中英文摘要、关键词、文献标志以及作者简介等。当然,还有一点重要的是,你要注意刊物刊登文章的语言风格,是偏重于严谨的学术性,还是贴近生活的实践性,抑或是学术

性与实践性并重。只有"对症下药",学会有针对性地投稿,才能大大增加文章被采用的概率。

3.根据撰写的学术论文质量,有选择性地投稿,努力提高发表刊物的档次

在写作实践中,选题新颖、观点鲜明、创新性强的学术论文,最好投到专业核心杂志和相关核心杂志(包括 CSSCI、中文核心)上,采稿周期一般为 1—3 个月。如果等 2—3 个月还没有消息,应及时改投其他稍微差一点的核心杂志;如还是没被采用,则表明你的文章质量不高,那就立即改投普通杂志。否则,耽搁的时间过长,时效性已过或此方面的研究成果问世,你的文章也就失去了应有的价值。对于自认为质量一般的文章,又想发表的,建议直接投给 CN 刊物,这样采用率高些,若不行再改投他刊,直到发表为止。

4.根据不同杂志的投稿要求,采用不同的投稿方式,增加命中率

有的杂志明确要求只接收打印稿,并且要求按照匿名评审的排版方式寄送稿件;有的杂志要求只能寄送打印稿件,但排版必须符合刊物刊登的规范;有的杂志则规定打印稿和电子稿即可;而有的杂志则特别喜欢电子稿,处理起来方便;而有的杂志开通有投稿网站,只接受网上投稿,等等。针对不同的杂志投稿要求,选择恰当的投稿方式,会赢得编辑的信任,不至于因怀疑你一稿多投而毙掉你的稿件。就寄送打印稿而言,也有多种方法,第一,如果处在同一个城市距离又不太远的话,可以直接给杂志社送稿,顺便也可以和编辑做一个简单的交流,增加编辑对你的了解。第二,可以采用快递或特快专递的方式寄打印稿,一来节省时间,二来编辑眼前一亮,因为他们每天接触的稿子多是以平信寄来的。你的是快递,表明你对发表文章的重视,无形中也会增加编辑对你的文章的重视。就网上发电子稿而言,也有很多技巧。第一,发稿子的同时写上一封诚恳的信,表明你对该杂志的了解程度、你期待发表文章的用途及文章的简要说明等,不论如何,要谦虚,不要给人留下不好的印象。第二,按照刊物规定的方式投稿。比如,有些刊物明确规定,投稿主题栏,要写上学科名称、文章名称等信息。文章要在附件中而不能在写信栏,并强调,当文章发送得到自动回复的信件后,应按要求及时寄送打印稿。

5.采用推荐独立发表和合作发表的方式,提升发表文章的质量和

数量

年轻教师独立写出的文章,可以让一些经验丰富的教师推荐到相关刊物发表,因为经验丰富的教师从事多年的研究,可能会与有关杂志建立了良好的信任关系。方式主要有:第一,给杂志社编辑打电话或发电子邮件,告诉编辑你的文章及个人信息等。第二,在寄送打印稿或发电子稿件时,把有关专业教师的推荐信寄去或发去。教师参与其他教师的课题或书稿,从中抽出的部分而形成的文章以及按照其他教师的写作思路而写成的文章,最好采用与其他教师合作署名的形式发表。此外,同专业的教师也可以就一个论文题目合作撰写论文。通过多种方式,可以有效提升教师发表文章的质量和数量。

第三节 项目申报

一、纵向项目申报

1.纵向项目的主要来源

纵向项目主要有国家自然科学基金项目、国家社会科学基金项目、国家科技部计划项目、教育部人文社科项目、浙江省科技计划项目、浙江省自然科学基金项目、浙江省社会科学基金项目、浙江省教育厅项目、浙江省社科联项目等。

2.纵向项目申报时间

表 4-1　年度科研项目申报时段简表

序号	项目类别	申报时段
	年度科研项目申报时段简表	
1	国家自然科学基金	1月—3月
2	国家社会科学基金	1月—3月
3	教育部高校博士点基金	3月—4月
4	浙江省社会科学基金(常规课题)	4月—5月

年度科研项目申报时段简表

序号	项目类别	申报时段
5	浙江省社会科学基金后期资助项目	4 月—5 月
6	浙江省社科联民生调研课题	5 月—6 月
7	浙江省社科联科普课题	5 月—6 月
8	浙江省社科联课题	5 月—6 月
9	浙江省社会科学学术著作出版资金	5 月—6 月
10	杭州市社会科学基金	5 月—6 月
11	浙江省教育厅项目	5 月—6 月
12	教育部哲学社会科学研究后期资助项目	7 月—8 月
13	浙江省自然科学基金	9 月—11 月
14	国家星火计划	10 月—11 月
15	浙江省高校重大科技攻关项目和人文社科重大研究项目	10 月—11 月
16	科技厅平台项目(包含分析测试和实验动物两类)	11 月—12 月
17	浙江省科技厅重大专项和优先主题项目	11 月—12 月
18	浙江省科技厅公益性技术应用研究、软科学项目	11 月—12 月
19	教育部人文社科一般项目	11 月—12 月
20	教育部科学技术研究重点项目	11 月—12 月
21	国家社科后期资助项目	常年
22	国家社科中华学术外译项目	常年
23	国家社科重大招标项目	常年
24	其他如:"863""973"、国家支撑计划、国家软科学、国家自然基金、国家社科基金、教育部、司法部、国家体育总局、国家统计局、浙江省财政厅、浙江省统计局等部门专项课题、委托课题、招投标课题、教育部人文社科重大研究项目每年需据其具体申报时间来操作。	按通知时间

3.项目经费开支说明

(1)科技类项目经费开支说明。

表 4-2　科技类项目经费开支说明

名称	说明
1.设备费	指项目研究过程中购置或试制专用仪器设备,对现有仪器设备进行升级改造,以及租赁和使用外单位仪器设备而发生的费用。
2.材料费	指项目研究过程中消耗的各种原材料、辅助材料等低值易耗品的采购及运输、装卸、整理等费用。
3.测试化验加工费	指项目研究过程中支付给外单位(包括项目承担单位内部独立经济核算单位)的检验、测试、化验及加工等费用。
4.燃料动力费	指项目研究过程中相关大型仪器设备、专用科学装置等运行发生的可以单独计量的水、电、气、燃料消耗费用等。
5.差旅费	指项目研究过程中开展科学实验(试验)、科学考察、业务调研、学术交流等所发生的外埠差旅费、交通费用等。差旅费的开支标准应当按照有关规定执行。
6.会议费	指项目研究过程中为组织开展学术研讨、咨询等活动发生的会议费用。项目承担单位应当按照有关规定,严格控制会议规模、会议数量、会期和会议开支标准。
7.合作、协作研究与交流费	指项目研究过程中支付给国际、国内合作协作科研机构的费用。项目研究人员出国及外国专家来华工作的费用。国际合作与交流费由项目承担单位统一管理,应当严格执行国家和省外事经费管理的有关规定。
8.出版、文献、信息传播、知识产权事务费	指项目研究过程中,需要支付的出版费、资料费、专用软件购买费、文献检索费、专业通信费、专利申请和购买(许可)及其他知识产权事务等费用。
9.人员劳务费	指项目研究过程中支付给直接参加项目研究人员中没有工资性收入的相关人员和临时聘用人员等劳务性费用。项目承担单位聘用的参与项目研究任务的优秀高校毕业生在聘用期内所需的劳务性费用,可以在劳务费中列支。
10.专家咨询费	指项目研究过程中支付给临时聘请的咨询专家的费用。专家咨询费不得支付给参与项目管理的工作人员。
11.管理费	主要包括承担单位为项目实施提供现有仪器设备和房屋,日常水电气暖消耗和其他有关管理费用的补助支出,参照国家有关科技项目经费管理办法,按分段超额累退比例法核定,按实列支。
12.科研人员激励费	应当在对科研人员进行绩效考核的基础上,结合科研实绩,由所在单位根据国家和我省津补贴有关规定统筹安排。

（2）人文社科类项目经费开支说明。

表 4-3　人文社科类项目经费开支说明

名称	说明
1.图书资料费	指购买图书、翻拍、翻译资料以及打印、复印、誊录、制图等费用。
2.数据采集费	指围绕项目研究而开展数据跟踪采集、案例分析等所需的费用。
3.调研差旅费	指为完成项目研究而进行的国内调研活动、参加相关学术会议的交通费、食宿费、通信费及其他费用。确需赴国外境外调研者,须经依托学校审核同意并报教育部备案。
4.设备购置和使用费	指购买和使用收集资料、采集分析数据所需器材的费用。设备使用费包括资料录入费、资料查询费、上网费和软件费等。
5.会议费	指围绕项目研究举行的项目开题、专题研讨、成果鉴定等小型会议费用。
6.咨询费	指为开展项目研究而进行的问卷调查、统计分析、专家咨询等支出的费用。
7.劳务费	指直接参与项目研究的研究生助研津贴,以及非课题组成员、科研辅助人员的劳务支出等。
8.印刷费	指打印、誊写调查问卷材料、调研报告和研究成果的费用
9.管理费	指项目依托学校提取的用于管理项目的费用

4.项目管理流程

（1）项目申报。申报项目时,必须按照有关项目申报通知及指南的要求,认真填写"项目申报书"等材料,网上申报的项目还须在网上提交;对于限项申报的科研项目,当申报项数超过限项指标时,学校请校内外专家评审推荐。

（2）项目立项。在立项批文下达后,项目负责人与项目主管单位签署项目合同书（如主管单位为科技部、科技厅）或计划书（如国家自然科学基金委、浙江省自然科学基金委）或经费预算书（全国哲学社会科学规划办公室）等。计划财务处根据科研处提供的项目经费预算开立项目账户,科研处制作项目经费卡。

（3）项目检查。科研项目立项后,项目负责人应按照项目合同书或计划书中的计划进度,组织力量开展实施工作,同时严格按项目经费预算执行开支。按要求及时向项目主管单位报送相关材料,配合主管部门做好中期检查。

（4）项目的结题和验收。科研项目完成后，项目负责人应按项目主管部门要求及时提交结题材料或验收申请，经所在学院初审，科研处审核同意后报项目主管部门，经主管部门批准通过后予以结题。

（5）项目材料归档。经项目主管部门准予结题的科研项目，项目负责人需将所有结题材料，包括项目申请书、项目批文或是合同书等报送科研处，由科研处统一移交档案馆归档保存。

5.主要项目申报指南要点

（1）国家自然科学基金项目。

①申请的项目类型。面上项目（含青年科学基金—面上项目连续资助项目）、重点项目、重大项目、重大研究计划项目、国家基础科学人才培养基金项目、青年科学基金项目、优秀青年科学基金项目、国家杰出青年科学基金项目、地区科学基金项目、海外及港澳学者合作研究基金项目、联合基金项目、国家重大科研仪器设备研制专项（自由申请项目）、科学仪器基础研究专款项目、数学天元青年基金项目、重大国际（地区）合作研究项目、组织间国际（地区）合作研究项目和组织间国际（地区）合作交流项目等。

②填写申请书注意事项。

a.国家自然科学基金项目申请书须使用当年新版本（以前版本均不接收）。

b.切记按当年度项目指南的限项申请规定，申请人及参加人在研及申请项目累计不得超过3项。

c.中级职称（有博士学位除外）申请者需提供两名与其研究领域相同、具有高级专业技术职务（职称）的科技人员的推荐。

d.申请人为在职研究生的，只能通过其在职的聘任单位申请，同时须单独提供导师同意其申请项目并由导师签字的函件，同意函应说明申请项目与其学位论文的关系，承担项目后的工作时间和条件保证等，但在职硕士研究生不得申请青年科学基金项目。正在博士后流动站内从事研究的科学技术人员申请科学基金项目，需要由依托单位提供书面承诺，保证在获得项目资助后延长其在博士后流动站的期限至项目资助期满；或者是出站后继续留在依托单位从事科学研究。每份申请的书面承诺由依托单位盖章附在纸质申请书后一并报送。否则，自然科学基金委不受理在站博士后人员的项目申请。

e. 申请人和主要参与者必须在纸质申请书上签字（主持人不要随意代签，以免超项）。主要参与者中有依托单位以外的人员参加，其所在单位即被视为合作单位，须在申请书信息简表中填写合作单位信息并在签字盖章页上加盖合作单位公章，填写的单位名称须与公章一致。已经在自然科学基金委注册的合作单位，须加盖单位注册公章，没有注册的合作单位，须加盖该法人单位公章。一般情况下，1 个申请项目的合作单位不得超过 2 个。

f. 申请书中的研究起始年限一律填写次年的 1 月 1 日。通常面上项目研究时间为 4 年，青年项目为 3 年，重点项目为 5 年。

g. 青年科学基金项目，申请人在申请当年 1 月 1 日未满 35 周岁；女性申请青年科学基金项目可放宽年龄到 40 周岁，主要参与者应以青年为主体。

h. 经费申请时，请申请者认真做好项目预算，了解各项科目的内涵。能源、动力费通常指的是大型仪器设备所需且能单独计量的水、电、气、燃料消耗费用等；管理费提 5%；国际合作与交流费、劳务费（用于研究生、博士后人员的劳务费）面上项目分别不超过 15%；重点项目、重大项目及各类专项的劳务费不超过 10%。

i. 有在研的国家社科基金项目人员（包括作为项目负责人已经获得国家社会科学基金资助，但在当年国家自然科学基金项目申请截止日前，尚未获得全国哲学社会科学规划办公室颁发的结项证书者）不能申报国家自然科学基金项目，国家社科基金项目结题需要结题证书复印件，否则形式审核不合格。

j. 根据所申请的项目类型，准确选择"资助类别""亚类说明""附注说明"等内容。要求"选择"的内容，只能在下拉菜单中选定；要求"填写"的内容，可以键入相应文字；有些项目"附注说明"需要严格按本《指南》相关要求填写。

k. 课题主要成员要详细填写成员介绍。

l. 尽量要按学科代码填写到最后一级，有利于选择专家评审。

m. 对于在线方式申请，填写完申请书，先点"检查"按钮后，提交并下载打印有水印的最终 PDF 版本申请书。

n.申请书提供的信息前后要一致(包括职称、学位、出生年月、合作者姓名等)。

o.上年已获得科学基金资助的项目负责人当年不得申请同类型项目,自2014年开始,上两年连续申请面上项目未获得资助的申请人当年暂停面上项目申请1年。

(2)浙江省自然科学基金项目。

①申请的项目类型包括:一般项目、青年科学基金项目、重点项目和省杰出青年科学基金项目。

②填写申请书注意事项。

a.所有类型项目采取限项目申报。

b.申请人应当是申请项目的实际负责人。项目组成员分为"主要成员"和"非主要成员"两类。"主要成员"指省自然科学基金依托单位正式在编或聘用且每年在浙江工作时间6个月以上并已成为省自然科学基金网站会员的人员。"非主要成员"指境外省外人员、省内非省自然科学基金依托单位人员、省自然科学基金依托单位不符合会员申请资格人员。各依托单位符合会员资格的人员不得以"非主要成员"参与申报。

在读研究生、博士后以及省外、境外科研人员不得申请省自然科学基金项目。

c.申请人当年只能申请1项省自然科学基金项目;当年作为主持人或者主要成员的申请项目数,合计不得超过2项。

d.项目组全体成员在提交申请前须知情同意。申报期间省自然科学基金网络信息系统将为每位会员提供"申请验证码",用来验证是否同意参加相关申请。申请人填写"主要成员"信息时,须输入各主要成员的"申请验证码"、身份证号码。各会员的申请验证码当年只能使用二次,请各位会员注意保管好本人的"申请验证码"。

e.如果申请人已主持省自然科学基金资助项目,必须在通过结题验收后,才可申请主持新项目。

f.鉴于重点项目、省杰出青年科学基金项目资助名额有限,省自然科学基金办将根据专家评审结果,择优选取专家评价较好但因名额限制无法获得资助的重点项目、省杰出青年科学基金项目转为一般项目予以资助,总数不超过20项。

g. 申请省自然科学基金项目前,请谨慎考虑与其他类科技计划项目可能产生的冲突。根据省科技厅有关规定,项目申请人在同一年度只限申报一项省级科技计划项目(含自然科学基金),不得重复或分别申报同年度不同计划项目,一经发现,取消项目立项资格。

h. 各类项目申请人需具备的其他资格条件和申报要求参见相应的项目申请指南。

i. 自 2015 年度开始,已经连续两年申请(以依托单位统一上报到省自然科学基金办的年度申请项目清单为准)省自然科学基金项目(不含学术交流项目)未获资助的项目申请人,将被暂停 1 年项目(不含学术交流项目)申请资格。例如:2013 年度、2014 年度连续两年申请省自然科学基金项目(不含学术交流项目)未获资助的申请人,将被暂停 2015 年度项目(不含学术交流项目)申请资格。

j. 申请项目的有关研究内容已获得其他资助的,应当在申请材料中说明资助情况;申请人不得以与已获得资助的省部级以上科研项目相同或基本相同的研究内容,再次申请省自然科学基金项目。

(3)国家社会科学基金项目。

①项目类型分为重大项目、年度项目、西部项目、后期资助项目、中华学术外译项目、学术期刊资助和成果文库等。

a. 重大项目。重大项目是现阶段国家社科基金中层次最高、资助力度最大、权威性最强的项目类别,包括应用对策研究、重大基础理论研究和跨学科研究三类,平均资助额度为 60 万—80 万元。

应用对策类重大项目设立于 2004 年,主要资助研究我国政治、经济、文化和社会发展中具有全局性、战略性、前瞻性的重大理论和实际问题,为党和政府决策服务。

基础理论类重大项目设立于 2010 年,重点支持一批弘扬民族精神、传承民族文化、对学术发展和学科建设起关键作用的重大基础理论和文化研究课题,着力推出具有原创性或开拓性、具有重要文化传承价值的经典之作。

从 2011 年起设立跨学科研究重大项目,旨在鼓励通过不同学科的视角、知识、方法和人员的交叉融合,研究解决单一学科难以解决的复杂性、前沿性、综合性问题。

重大项目采用面向全国公开招标的立项方式,每年组织两次。全国社科规划办公室向有关实际决策部门和重点科研单位广泛征集选题,组织拟订国家社科基金重大项目招标课题研究方向,经全国社科规划领导小组批准后在媒体发布招标公告。投标者主要包括:中央和国家有关部委,教育部及其他部委直属高校,省级以上(含)党校、社科院、高校、研究基地等重点社会科学理论单位,军队系统重点院校和重点研究部门。重大项目实行首席专家负责制,首席专家必须具备享有中华人民共和国公民权;具有较高的政治素质和学术造诣,学风优良,责任心强;具有正高级专业技术职务或正局级(含)以上领导职务。

大项目评审工作按照资格审查、通信初评、复评答辩、立项审批、网上公示等规定程序进行,坚持公开透明、公平竞争、质量第一、宁缺毋滥的原则。严把政治方向关和学术质量关,重在服务决策,力求务实管用,体现理论创新。全国社科规划办公室、各省区市社科规划办、在京委托管理机构、相关责任单位对中标课题进行全过程跟踪管理,最终成果由全国社科规划办公室组织验收结项。

b.年度项目。年度项目是国家社科基金项目的主体,主要资助对经济社会发展具有重要价值的专题性应用研究和对学科建设具有重要意义的一般性基础研究,旨在提高科研水平、培养优秀人才、多出优秀成果,包括重点项目、一般项目和青年项目三个类别。

年度项目在国家社科基金项目资助体系中设立时间最早、立项规模最大、覆盖面和惠及面最广。自1986年设立以来,已累计资助立项2万多项,资助范围涵盖马克思主义·科学社会主义、党史·党建、哲学、理论经济、应用经济、政治学、社会学、法学、国际问题研究、中国历史、世界历史、考古学、民族问题研究、宗教学、中国文学、外国文学、语言学、新闻学与传播学、图书馆·情报与文献学、人口学、统计学、体育学、管理学等23个一级学科。

年度项目面向全国、公开申报、公平竞争、择优立项。全国哲学社会科学规划办公室每年组织各学科规划评审组,制订国家社科基金年度项目课题指南,经全国哲学社会科学规划领导小组批准后在媒体发布申报公告。申请年度项目必须符合课题指南的指导思想和基本要求,应用对策研究要具有较强的现实性、针对性和时效性,基础理论研究要力求具有原创性或开拓性。各省区市哲学社会科学规划办公室和在京委托管理机构负责组织本地区本部门的项目申报工作。年度项目实行匿名通信初评与会议复评相结合的评审机制,全国哲学社会科学规划办公室在评审原则、评审标准、评审程序和评审纪律等方面做出明确规定。教育学、艺术学、军事学等三个单列学科课题申报和评审工作由全国教育科学规划办公室、全国艺术科学规划办公室、全军社科规划办公室另行组织。

年度项目每年基本在 12 月份至次年 3 月份进行申报。由于近年来申报量的不断上升,从 2011 年开始实行限项申报,由各个省社科规划办进行统一的评审筛选工作。

项目的完成时限,基础理论研究一般为 2—3 年,也可根据研究需要适当延长;应用对策研究以研究问题的时效性确定时限,最终成果形式为专著、专题性论文集、研究报告、工具书、软件和数据库等。年度项目结项实行严格的双向匿名通信鉴定制度,重点项目由全国哲学社会科学规划办公室组织鉴定,一般项目和青年项目由各省区市社科规划办和在京委托管理机构负责组织鉴定并报全国哲学社会科学规划办公室审批。

c. 西部项目。西部项目旨在资助西部地区社科研究工作者重点围绕西部地区改革开放和现代化建设中的重大理论和现实问题,围绕加强民族团结、贯彻党的宗教政策、维护国家统一问题,围绕民族优秀文化遗产抢救和区域优势学科建设等问题开展相关研究,更好地服务西部地区经济社会发展。由于浙江省无申报资格,这里就不做详细介绍。

d. 后期资助项目。后期资助项目设立于 2004 年,主要资助人文社会科学基础研究领域中完成 80% 以上且尚未出版的优秀科研成果,旨在鼓励广大人文社会科学工作者潜心治学,扎实研究,多出优秀成果,进一步发挥国家社科基金在促进我国哲学社会科学繁荣发展中的示范作用。

后期资助项目以资助中文学术专著为主,也资助少量学术资料汇编和工具书;申报范围为国家社科基金 23 个学科(暂时不包括教育学、艺术学、军事学三个单列学科)。除由同行专家推荐申报外,也可由指定的出版学术著作为主的出版社推荐申报。常年随时受理申报,一般每年 5 月、11 月各评审一次。全国社科规划办组织成果鉴定结项,并统一安排出版。

e. 中华学术外译项目。国家社科基金中华学术外译项目设立于 2010 年,主要立足于学术层面,资助我国哲学社会科学研究优秀成果以外文形式在国外权威出版机构出版,进入国外主流发行传播渠道,以增进国外对当代中国以及中国传统文化的了解,推动中外学术交流与对话,提高中国哲学社会科学的国际影响力。

目前,中华学术外译项目资助文版暂定为英文、法文、西班牙文、俄文、德文等5种。国内具备本学术领域较高专业水平和双语写作能力的科研人员、与国外科研机构开展密切学术交流的国内科研机构以及具有国际合作出版经验的国内出版机构均可申请。常年随时受理申报,一般每年5月、11月各评审一次。

f.国家哲学社会科学成果文库。为集中推出反映现阶段我国哲学社会科学研究领先水平的优秀成果,充分发挥优秀成果和优秀人才的示范带动作用,鼓励广大哲学社会科学工作者以优良学风打造更多精品力作,于2005年设立了"国家社科基金成果文库",每年从已结项的国家社科基金项目优秀成果中遴选10种左右,到2009年共出版了4批37种,受到学术界好评。2010年,将国家社科基金成果文库进一步拓展为国家哲学社会科学成果文库。

国家哲学社会科学成果文库申报范围包括国家社科基金所有26个学科(含教育学、艺术学、军事学三个单列学科)。申报成果可以是国家社科基金项目研究成果,也可以是国家社科基金资助范围以外的研究成果。申报成果为已经完成且尚未出版的中文学术专著、专题论文集或专题研究报告,字数一般在20万—50万字,最多不超过80万字。自2010年始,"成果文库"每年评审一次,统一组织出版,并向作者颁发荣誉证书。

由于国家社科基金项目的申报均分为三级管理,即全国社科规划办,省社科规划办,学校科研处,所以每年学校的申报截止时间均早于全国社科规划办网站的截止时间半个月甚至更早。

(4)浙江省哲学社会科学基金项目。

浙江省哲学社会科学基金项目分为重大招标课题、常规性课题、合作课题、委托课题、文化研究工程课题及基地课题。其中重大招标及文化研究工程课题为不定期地进行申报评审,其他课题每年均可申报一次。

浙江省哲学社会科学规划常规性课题为每年申报及立项量最多的一类课题,省社科规划办会根据每年我省以及我国政府的实际情况,调整课题类型。主要类型可分为基础研究型、应用对策型、后期资助、"学科共建"、自筹经费、欠发达地区扶持课题。另外,从 2011 年"之江青年"行动计划开始后,又新增加了之江青年课题。2013 年根据当代实际政策情况,新增加了"马克思主义研究工程"专项课题。每年年初,在国家课题申报后一个月左右进行常规性课题的申报工作,全校近几年每年的申报量均超过 200 项,可见老师对此强烈关注及参与。

①基础理论研究。申报人可根据自己的学术积累,按"十二五"规划所设的 17 个学科组,分学科自主选题,自由申报,但成果形式之一必须为专著(工具书)或论文,结题时须公开出版或发表。课题立项向学术前沿问题研究倾斜,重点扶持对学科发展以及对弘扬浙江精神、传承浙江文化有重要作用的研究项目。

②应用对策研究。从 2013 年开始,应用对策类课题的申报调整为以最终成果方式申报,旨在引导和鼓励社科界深入调研,增强研究的针对性和时效性,提高研究成果质量和转化的实效,为党委和政府的科学决策服务。围绕中国特色社会主义和科学发展观在浙江的实践,围绕省委提出的干好"一三五"、实现"四翻番",建设"两富"现代化浙江的重点问题,围绕改革、发展、稳定的现实问题,申报人深入开展调研,掌握第一手资料,进行科学分析,发现真问题,找出真答案。省社科规划办常年受理应用对策研究成果申报,并委托专家进行筛选鉴定。根据省社科联《社科成果要报》采纳摘编及领导批示或部门采纳情况,结合省社科规划学科组专家筛选鉴定意见,给予一般项目或重点项目等立项等级。省社科规划办对该类课题常年受理,分期(半年)立项,原则上每人每年限立一项。在研省部级(含)以上课题阶段性成果和最终成果不能重复申报省社科规划课题。

③后期资助研究。后期资助研究课题旨在鼓励和扶持在基础研究领域潜心治学、锐意创新的社科工作者,资助已完成且尚未出版的优秀学术专著中文初稿,要求达到本学科领域先进水平,无知识产权纠纷。学术译著、工具书、论文(论文集)、教材、软件等暂不列入资助范围。

④关于"学科共建"、自筹经费和欠发达地区扶持课题。"学科共建"参与单位,为未设有省社科重点研究基地的一般高等院校(含高等专科学校)、杭州市委党校、宁波市委党校,已经设有省社科重点研究基地的高等院校以及高等职业技术学院、其他市委党校等不参加"学科共建课题"的申报;2011 年和 2012 年已提交过申请的单位,除特殊情况需要调整之外,

不再提交新的申请；参加学科共建课题的单位对立项的学科共建课题研究经费实行 1∶1 配套；该课题实行单独申报，立项指标单列。申报学科共建课题的不能同时申报其他类型的课题。

自筹经费课题的申报单位为高等职业技术学院、各市委党校、各市电大，其他单位原则上不再设立自筹经费课题。自筹经费课题只在基础研究中设立。申报自筹经费课题者必须落实经费来源，由各科研管理部门在申报表相应栏目中盖章证明。

欠发达地区课题仅面向丽水、衢州、舟山三市申报。

此类型课题我校均无申报资格。

⑤之江青年课题。凡入选"之江青年学者行动计划"的青年学者如往年课题已经结题，无在研国家社科基金项目、省社科规划课题，可参加今年的课题申报，此类课题单独评审，指标单列。

合作课题主要是与省台办联合开展"涉台研究"专项课题。

另外每年会根据社会热点及现象开展的专项课题活动，如"社会重大舆情调研"专项，2013 年"高校思想政治工作"专项研究——"浙江最美现象"专题，"长三角区域合作研究"专项课题等。

基地课题是全省各个重点研究基地组织申报的省社科规划课题。为进一步整合全省社科资源，打造科研高地和学术梯队，培育当代"浙学"特色和优势，浙江省哲学社会科学重点研究基地建设计划于 2005 年启动。经过省内外专家评审，2006 年成立了浙商研究中心等 11 个首批重点研究基地（含"一地多点"基地）和 2 个扶持型研究基地。2010—2011 年又陆续成立了温州人经济研究中心、非洲研究中心等 5 个研究基地。目前，全省共有 20 个省级重点研究基地。基地项目公开面向全省申报，包括本单位及外单位的老师及科研人员均可参加。基地课题申报一般在每年的年末进行。

2010 年 12 月浙江省社科联印发了《关于加大社科理论研究成果宣传力度的办法（试行）》（浙社科联发〔2010〕48 号），旨在鼓励和支持我省哲学社会科学工作者加强理论研究成果的宣传，更好地研究浙江、宣传浙江、服务全国，努力扩大我省社科理论界在全国范围内的学术影响。有成果发表在《求是》杂志、《光明日报》等中央级媒体，确认为省社科规划年度课题。

从 2011 年开始,凡是被列为省级社会科学学术著作出版资金全额重点资助项目及部分优秀的资助项目均可列为省社科规划一般课题。

(5)教育部人文社会科学研究项目。

①项目类别。教育部社科项目是教育部面向全国普通高等学校设立的各类人文社会科学研究项目的总称。主要包括:

a.重大课题攻关项目。指以课题组为依托,以解决国家经济建设与社会发展过程中具有前瞻性、战略性、全局性的重大理论和实际问题,以及人文社会科学基础学科领域重大问题为研究内容的项目。选题由教育部向全国高等学校、科研院所及实际应用部门征集,面向全国高等学校招标。

b.基地重大项目。指为普通高等学校人文社会科学重点研究基地设立的、围绕基地学术发展方向进行研究的重大项目。选题由重点研究基地根据基地中长期规划确定,并经基地学术委员会审议通过后,报教育部统一组织招投标。

c.一般项目。规划项目,含规划基金项目、博士点基金项目、青年基金项目,经费由教育部资助;专项任务项目,经费由申请者从校外有关部门和企事业单位自筹,选题由申请人根据教育部社科研究中长期规划和个人前期研究积累自行设计,鼓励申请人从实际应用部门征得选题并获得经费资助。

教育部社科项目申报工作由教育部统一布置。一般在每年第一季度征集并确定重大课题攻关项目、基地重大项目(合称重大项目)选题;第二季度发布各类项目的申报通知或招标公告,集中受理申报材料。

②填写申请书注意事项。

a.申请人必须是高等学校的在编在岗教师,具有良好的政治思想素质和独立开展及组织科研工作的能力,身体健康,能作为项目实际主持者并担负实质性研究工作。

b.申请人每次只能申报一个项目。重大项目、规划基金项目和博士点基金(博导类、发展类)项目申请者须具有正高级专业技术职称;青年基金项目申请者应具有博士学位或中级以上专业技术职称,年龄不超过 35周岁;专项任务项目申请者须获得校外实际应用部门的经费资助,并提供相关证明材料。

c. 原则上应组成课题组申报。应用对策性研究课题,提倡吸收实际工作部门人员参加课题组。鼓励根据实际需要吸纳境外专家学者加入课题组开展合作研究。对于跨学科、跨学校、跨地区、跨系统组织优势科研力量开展实质性合作研究的课题组予以优先资助。

d. 申请人所在学校积极支持,承诺提供良好的研究条件。

e. 已承担国家级或省部级重大重点项目尚未结项者,不得申报教育部各类项目;已承担国家级或教育部一般项目尚未结项者,不得申报教育部一般项目;已获得立项的课题或其中的子课题,不得重复申报。

(6)浙江省科技厅项目。

①浙江省科技厅项目主要分公益技术应用研究、软科学研究计划、重大科技专项和成果转化工程等。

②填写申请书注意事项。

a. 项目一般采取限项目申报。

b. 省科技计划项目的申报面向在我省注册登记、具有独立法人资格的事业单位。鼓励产业技术创新战略联盟、省级企业研究院结合我省产业发展科技需求主动设计申报项目。鼓励引进高层次人才,海外高层次专家领衔或作为课题组重要成员,申报省级科技项目。

c. 项目负责人同时主持各类省级科技计划项目(不含自然科学基金项目)数一般不得超过 1 项,主要参加人员一般不得超过 2 项。承担在研项目已达上述限定数的,应当重点做好项目的实施工作,限制申报 2013 年度省级科技计划项目。已建创新团队应当抓紧做好团队项目的立项工作,团队成员限制申报公益性计划项目。列入我省工业行业龙头骨干企业名单的企业、国家和省创新型企业承担省科技计划项目数一般不超过 2 项,其他企业不超过 1 项。在研项目数已达到上述限定数的,限制申报 2013 年度省级科技计划项目。

d. 项目申请人在同一年度只限申报一项省级科技计划项目(含自然科学基金),不得重复或分别申报同年度不同计划项目,一经发现,取消项目立项资格。

e. 鼓励合作联合申报。鼓励产学研合作、企业与企业合作、企业与风险投资机构合作申报科技项目。

f. 项目可行性报告、经费概算表等电子附件材料中应严格回避项目申请单位及项目组成人员的具体信息。

g. 一般在预算填写中管理费按资助经费的5％计算；人员劳务费不超过资助经费的15％。

二、横向项目申报与管理

横向科研项目是指由学校承担的，通过对外开展科研活动取得的除纵向科研项目之外的其他所有科研项目，包括以合作研究、委托研究、技术开发、技术咨询、技术服务、技术转让等合同方式取得的科研项目以及通过承担各党派、社会团体、专业研究机构等非政府机构设立的科研项目。

科研处是科研项目的专职管理机构，组织各类科研项目的申报和科研项目合同的审核，负责全校跨学院科研项目的组织和协调，组织项目的实施、检查、验收、鉴定以及相关资料和文件的归档工作。

项目负责人是科研项目具体实施的责任人，应严格按照项目合同书或任务书要求认真组织项目的实施，自觉遵守项目主管部门和学校相关科研项目管理规定，接受项目主管部门和学校对项目执行情况的监督检查，及时向所在学院和科研处报告项目执行中出现的重大事项，按项目管理要求及时提交项目进展报告、验收结题材料等相关资料。全权负责科研项目合同的履行，并承担因合同纠纷而产生的经济责任。

学校鼓励教师和科研人员承担各类科技项目，非正式在编教职工（包括离退休人员）不能作为项目负责人申请和承担各类科研项目（项目主管部门另有规定的除外），但可作为项目组成员参加研究工作。

1. 科研项目的立项程序

以合同方式取得的横向科研项目，学校应当与项目委托方签订技术合同。

（1）技术合同分为技术开发合同、技术转让合同、技术咨询合同、技术服务合同。

（2）技术合同签订前，项目负责人应充分了解委托方的资信、责任主体、合作内容、技术指标、完成期限等，然后确定实施计划、双方责权利、制约规定以及报价款等条款。对有能力或预见有能力承担合同约定任务的，方可签订合同。正式合同签订好后交一份给科研处保存备案。

符合国家免税条件的技术合同,按国家相关规定办理免税审批手续。具体操作方法见技术开发合同认定。

2. 技术开发合同认定

（1）合同要求。

①应具备双方签订的符合《中华人民共和国合同法》规定的、真实、有效的技术合同。建议技术开发采用浙江省科学技术厅监制的合同文本。更新后的技术开发合同模板,可在学校科研处网站"表格下载栏"内可下载,或登录技术开发合同下载网址:http://www.hzst.gov.cn/index.aspx? pageguid＝A6A6E12A－00A5－4648－943C－A7698DF54D20&CatalogID＝799,名称:"技术开发合同书(省厅)"。

②技术合同文本中,必须明确甲乙双方的主体资质、明确技术标的、明确技术交易价款,如实表述双方相互的权利和义务关系。对弄虚作假和通过欺骗行为骗取国家优惠政策者将进行依法查处。

③根据科技部规定,技术合同认定登记实行按地域一次登记制度,由合同卖方在合同成立后向所在地区的技术合同登记机构提出认定登记申请。

（2）报送合同文本。报送合同文本至我校科研处办理合同登记时,需提交以下资料:

①当面提交具有法律效力且在合同有效期内的合同文本一式五份（均为合同正本）。合同文本字迹清楚、签字盖章完整有效,法人或委托代理人必须亲笔签名或盖章。

②技术开发合同项目总金额超过 60 万元(包括 60 万元),合同卖方需附项目"开发价格清单",并加盖单位公章。

③与境外签订的技术合同(包括港、澳、台及境外地区)需提交有效的中文文本或中英文对照文本,并需出示省商务厅(杭州市延安路 470 号)的核准批件,每一份合同后附复印件一份。（如:软件出口合同登记证书）

（3）有以下情况的合同不予登记

①合同主体不明确的。

②合同标的不明确,不能使合同登记人员了解其技术内容的。

③合同价款、使用费等约定不明确的。

④报送合同登记的技术合同,经科技处统一进行网上登记备案。一

般经 10 个工作日,完成合同登记审核与减免税批准。

⑤认定登记后可享受以下政策。

经认定登记的技术开发、技术转让合同享受减免营业税,技术转让合同还能享受减免所得税(一个纳税年度内居民企业技术转让所得不超过 500 万元的部分免征企业所得税,超过 500 万元的部分减半征收。)

所有新立项科研项目,均由学校科研处统一编号,建立项目信息库和档案,科研项目立项后,项目负责人应按照项目合同书或任务书的计划进度,组织力量开展实施工作。严格遵守上级主管部门和学校科研经费管理的各项规定,合理安排经费使用支出。

承担科研项目的项目组成员,在项目实施的全过程中应讲究诚信,遵守学术道德规范,抵制弄虚作假、抄袭和剽窃他人科研成果、捏造或篡改实施数据及其他学术不端行为。

科研项目完成后,凭项目委托方出具的结题证明办理结题手续。

3. 经费管理

横向科研项目经费是指我校通过对外开展科研活动取得的除纵向科研项目经费之外的并进入学校财务的其他所有科研项目经费,包括以合作研究、委托研究、技术开发、技术咨询、技术服务、技术转让等合同方式取得的经费以及承担各党派、社会团体、专业研究机构等非政府机构科研项目取得的经费。

学校法定代表人对科研项目经费管理负总责,分管科研和财务的校领导对科研项目经费管理负直接领导责任。

学校相关职能部门和项目负责人要根据各自的职责和权限,加强对科研项目经费的监督和检查。

科研处负责科研项目的合同审查、项目中期检查和结项管理,并配合财务部门做好科研项目经费使用的审核、监督工作,承担相应的科研管理责任;

计划财务处负责科研项目经费的财务管理、会计核算和结算报销等工作,指导、监督项目负责人规范、有效使用经费,承担相应的财务管理责任;

审计处负责科研项目经费的审计,按项目管理要求出具经费审计报告,承担相应的审计责任;

科研项目实行项目负责人责任制。项目负责人负责编制科研项目经费预算和决算，严格按照有关管理制度及项目任务书或合同书规定的开支范围和标准使用项目经费，自觉控制经费的各项支出，接受上级财政部门、行政主管部门、审计机关、资助单位和学校的检查和监督，对科研经费使用的真实性、有效性承担经济与法律责任。

科研经费到校后，由科研处按规定要求和程序立项并向计划财务处和项目负责人下达经费计划书，由计划财务处设立项目账户，按项编号，专款专用。

科研项目经费票据的管理原则上遵循先到款后开票的原则，经费到校后，由计划财务处出具票据。横向科研项目如在款项未到学校账户前开具票据，须缴纳开票额的5%的押金。

技术咨询、技术服务类横向项目，由计划财务处开具票据，并按规定代扣相关税费；技术开发、技术转让类横向项目，符合免税条件的项目须先进行合同登记，并缴纳印花税等费用后开具票据。

学校按科研项目管理办法或合同规定提取管理费，实行总额控制。横向科研项目按3%提取管理费，其中1%返还项目负责人所在学院。

科研项目经费需转拨给合作单位时，合作单位必须是项目合同中规定的参加单位。不得借协作之名将科研经费挪作他用或转入与项目无关联的单位。合作双方须签订合作合同（协议），并经双方科研管理部门签章。

横向科研项目经费需转拨给合作单位时，申请转拨经费的项目负责人应向学校科研处提供项目合同和其他必要的资料。项目转拨经费不得超过项目到款经费的50%，已入学校的横向科研经费不能转回原付款单位。

横向科研项目经费划拨时均须填写《科研经费划拨审批表》，经科研处审批后办理。科研项目经费划拨均通过单位账号办理。划出经费根据研究计划分年度拨付。转拨给合作单位的经费，学校按1%提取管理费，项目经费计入所在学院科研到款数。

科研项目经费的使用，应严格按上级主管部门相应的项目管理办法或合同书的预算执行。项目主管部门没有明确规定的，按下列规定开支。

（1）设备费：是指在项目研究开发过程中购置或试制专用仪器设备，

对现有仪器设备进行升级改造而发生的费用以及租赁外单位仪器设备而发生的费用;项目所购置的仪器设备,均应对照预算,按学校设备采购相关规定执行。

(2)材料费:是指在项目研究开发过程中消耗的各种原材料、辅助材料等低值易耗品的采购及运输、装卸、整理等费用。

(3)测试化验加工费:是指在项目研究开发过程中支付给外单位(包括项目承担单位内部独立经济核算单位)的检验、测试、化验及加工等费用;支付给外单位的测试化验加工费超过5000元的需要提供外协合同或相关凭证。

(4)燃料动力费:是指在项目研究开发过程中相关大型仪器设备、专用科学装置等运行发生的可以单独计量的水、电、气、燃料消耗费用等。

(5)差旅费:是指在项目研究开发过程中开展科学实验(试验)、科学考察、业务调研、学术交流等所发生的外埠差旅费、市内交通费用和使用自备车辆而发生的过桥过路费、停车费、燃油费等。差旅费的开支标准应当按照上级和学校相关规定执行。

(6)会议费:是指在项目研究开发过程中为组织开展学术研讨、咨询、检查、项目验收或鉴定等活动而发生的会议费用;项目负责人应当按照主管部门有关规定列支会议费,纳入国库集中支付的项目原则上应办理政府采购手续。

(7)合作、协作研究与交流费:是指在项目研究开发过程中与国际、国内科研机构合作、协作研究,支付给合作、协作单位的费用;项目研究人员出国及外国专家来校工作的费用;国际合作与交流费应当严格执行国家外事经费管理的有关规定。

(8)出版、文献、信息传播、知识产权事务费:是指在项目研究开发过程中,需要支付的出版费、资料费、专用软件购买费、文献检索费、专业通信网络费、专利申请及其他知识产权事务等费用。

(9)劳务费:是指在项目研究开发过程中支付给项目组成员中没有工资性收入的相关人员(如在校研究生)和项目组临时聘用人员等的劳务性费用;符合纳税条件的,由计划财务处按国家税法规定代扣代缴个人所得税。

横向科研项目劳务费在科研项目合同中没有明确规定的,横向科研项目人员劳务费不超过项目实际到款额的20％,其中研究生助研津贴直接转入研究生个人银行账户。

(10)专家咨询费:是指项目进行调研、论证、鉴定(评审)、验收和开展学术讲座时所支付给专家的咨询费用,专家咨询费不超过项目实际到款额的5％。

(11)业务招待费:是指在项目研究开发过程中发生的一定标准的业务招待费用。横向科研经费中可开支业务招待费,但不超过项目实际到款额的20％。除项目合同有专门规定外。

(12)其他费用:指与项目研究直接有关的其他支出。

凡使用科研项目经费购置货物、工程、服务的,原则上应依法履行政府采购程序。

凡使用科研项目经费购置仪器设备等固定资产,除合同另有规定外,均属学校固定资产,应按照学校相关规定进行审核和管理。报销所购置的外协设备时,须附相关合同或接收单位的签收证明。

严禁使用科研项目经费支付各种罚款、捐款、赞助、投资等,严禁以任何方式变相谋取私利;禁止使用科研项目经费设置小金库。

科研项目组办理经费报销,须由经办人签字、项目负责人审批报销。

项目负责人应按项目合同规定的时间及时结题,原则上应在科研项目结束或通过验收后6个月内办理结账手续。

科研项目结余经费,科研项目主管部门有明确财务规定的,按相关规定处理。没有明确规定的,结余经费全部作为科研发展基金,用于后续项目的预研,由原项目负责人掌握使用,开支范围按原规定执行。

第四节　奖项申报

一、科研成果评奖的范畴

科研成果通常指教师在从事科学研究的过程中以及过程后产生的学术性研究成果,成果形式包括学术性著作、学术论文、研究报告、技术报告、学术性研究类译著、学术资料整理、工具书、专利、软件等。科研成果奖强调成果的学术性、研究性,如小说、诗歌、散文等不属于科研成果,编著、教材在编写过程中涉及原创、知识创新的内容较少,因此大部分政府奖项也未将其列入科研成果评奖的范围。

二、申报组织流程

1.通知发布

评奖组织部门发布申报通知后,科研处根据通知精神于科研处网站发布申报通知。教师定期浏览科研处网站,及时获取奖项申报信息,以免错过申报期限。

2.申报材料的准备

教师根据申报通知的要求以及期限准备申报材料,通常包括申报表(或推荐表)、申报成果、佐证材料。佐证材料指申报人用来表现申报成果的学术影响、产生的经济社会效益、第三方评价等证明材料。人文社科类奖项佐证材料主要包括书评,被《中国社会科学文摘》、《新华文摘》、人大复印资料、SSCI 转载收录证明、引用证明,曾获奖项证书复印件,成果采纳证明等。科技类奖项佐证材料主要包括论文 SCI、EI 收录证明,经济效益审计报告,社会效益证明,专利证书等。

3.形式审查

教师在申报截止日前将申报材料报送校科研处,由科研处对申报材料进行形式审查。对于限额申报的奖项,科研处组织专家评审,根据限额数量遴选出推荐申报的成果。

4.推荐成果公示

根据评奖组织部门的要求,对所有推荐的申报成果在科研处网站或校内网站进行公示,公示无异议后报送评奖组织部门。

5.获奖

评奖组织部门将评审后拟推荐获奖的项目进行网上公示,公示结束后正式发布获奖文件,颁发获奖证书,发放奖金。

三、申报注意事项

1.产权问题

科研成果必须是不存在知识产权争议的成果,作者或完成人署名应以事实为依据。已公开出版或发表的成果,以著作封面、期刊论文署名为准;未公开出版、发表的成果,根据实际贡献如实填报完成人排序。

2.学术规范

学术规范是成果评价的一个重要指标,也是保证科研成果学术性的基本要求。国家自然基金委、国家社科规划办、教育部等上级部门已经采取撤题、通报批评、限制申报等措施处理存在学术不端行为的成果。

3.佐证材料

成果报奖过程中,除了成果本身,其佐证材料也是专家衡量一个成果学术价值的重要因素。佐证材料的产生与获取需要一个较长的时间过程,通常也是个被动的过程。教师除了通过查新、检索等方式收集佐证材料外,也应主动承担一些成果的推广、介绍工作。

四、奖项介绍

根据教育部科研统计要求以及高校现行考核重点,这里主要介绍各类政府奖项。按学科来分,主要分为科学技术类和人文社会科学类;按级别划分,分为国家级、省部级、厅局级。科学技术类国家级奖仅指国家科学技术奖,人文社会科学类国家级奖指国家社会科学基金项目优秀成果奖(1999年评过首届,至今未再组织过评奖)。部级奖指国家各部委颁发的常设性科研成果奖,征文奖、优秀奖不计。省级奖指由省人民政府颁发的科学技术奖和哲学社会科学优秀成果奖。厅局级奖指省内各厅局级部门组织的常设性科研成果奖。

另外,经教育部认定,将霍英东基金奖,安子介国际贸易研究奖,浦山世界经济学优秀论文奖,思勉原创奖,张培刚发展经济学优秀成果奖,孙冶方研究基金会、吴玉章研究基金会、陶行知研究基金会和钱端升基金会颁发的社科优秀成果奖列为部级奖。

表4-4　常设重要科研成果奖项列表

奖项名称	授奖部门	申报时间	奖项级别	备注
国家科学技术奖	国务院	每年12月份至次年1月	国家级	含国家最高科学技术奖、国际科学技术合作奖、国家自然科学奖、国家技术发明奖、国家科学技术进步奖 http://www.nosta.gov.cn

奖项名称	授奖部门	申报时间	奖项级别	备注
教育部高等学校科学研究优秀成果奖（科学技术）	中华人民共和国教育部	每年 5、6 月份	部级	http://www.cutech.edu.cn
教育部高等学校科学研究优秀成果奖（人文社科）	中华人民共和国教育部	每三年评选一次，3 月份	部级	http://www.sinoss.net/ 下一评奖年度为 2015 年
浙江省科学技术奖	浙江省人民政府	每年 4 月份	省级	http://www.zjkjt.gov.cn/
浙江省哲学社会科学优秀成果奖	浙江省人民政府	每两年评选一次，7 月份	省级	http://www.zjskw.gov.cn/ 下一评奖年度为 2015 年
全国教育科学研究优秀成果奖	中华人民共和国教育部	每四年评选一次，6 月份	部级	http://onsgep.moe.edu.cn 下一届为第五届
司法部法学教材和法学科研优秀成果奖	中华人民共和国司法部	每三年评选一次	部级	http://www.moj.gov.cn/ 2013 年第四届暂缓中
全国统计科研优秀成果奖	国家统计局	每两年评选一次，4、5 月份发通知	部级	http://www.stats.gov.cn 下一评奖年度为 2014 年
全国商务发展研究成果奖	国家商务部	每两年申报一次	部级	http://www.mofcom.gov.cn
国家旅游局优秀旅游学术成果评奖	国家旅游局	每年申报	部级	http://www.cnta.gov.cn/
国家体育总局体育哲学社会科学优秀成果奖	国家体育总局		部级	http://www.sport.gov.cn/ 成果须来源于国家体育总局体育哲学社会科学研究项目

奖项名称	授奖部门	申报时间	奖项级别	备注
钱端升法学研究成果奖	钱端升法学研究成果奖基金理事会	每两年评选一次,4月份发通知	部级	http://gate.cupl.edu.cn/qdsfxcgj/ 下一评奖年度为2014年。该奖项为教育部认可的民间奖项,属于部级奖
安子介国际贸易研究奖	安子介国际贸易研究奖励金评委会	每两年评选一次,4月份发通知	部级	该奖项为教育部认可的民间奖项,属于部级奖
中国商业联合会科学技术奖	中国商业联合会	每年3、4月份发通知	国家级学会	http://www.cgcc.org.cn/ 该奖项为具有推荐国家科学技术奖的社会力量奖
浙江省高等学校科研成果奖	浙江省教育厅、浙江省高教学会	每年申报	厅级	http://www.zjedu.gov.cn 2013年评奖取消
浙江省社科联社科研究优秀成果奖、青年社科优秀成果奖	浙江省社会科学界联合会	每两年申报一次	厅级	http://www.zjskw.gov.cn 下一评奖年度为2014年

第五章　高校教师能力提升

第一节　创造能力

一、创造力含义

教学是一种严肃的智力劳动，"教"的最终目的是让学生会自己去"学"，一个真正富有成效的教师应该培养学生"做"什么，而不是仅仅让学生"学到"什么。我国古代道家老子所说的"授人以鱼，不如授之以渔"其实就是对教学创造能力最形象的描述。

二、创造力自评

一个想在大学课堂上有所作为的教师，一定要关注自己的教学是否存在创造力，关心提升教学创造力的途径是什么。依笔者所见，教学的创造力应该包含如下一些要素。

1. 具有创造性的教学应该能帮助学生解决一些"大"的问题

一个优秀的、注重创造力培养的教师应该会做逆向计划，即从自己所希望促成的结果开始，力图在教学中培养学生具备理解、应用、分析、综合、评价和再学习的能力。尽力营造一个引导学生参与问题分析，而不必求助于死记硬背的创造性的教学环境。一个有创造力的教师，应该在一开始就尝试写下本门课将要处理的最大的那个问题。之后再列出一系列学生需要探索的其他问题，这些问题是为解决那些最大问题服务的。在反复的教学积累过程中，你可能会不断修正这个"大"的问题，敦促自己向这个领域更高层次发展。

如果教师期待某种结果，他将从第一次课开始，在学生中树立起这个共同的目标,激起学生的兴趣与好奇心,帮助学生理解摆在他们面前的学习任务,让学生确信自己要为实现相同的目标而努力。教师通过教学逐步强化这个期待的结果,赢得学生对所学课程的投入,最终在智力、认知方面提升学生的潜力。

2.具有创造性的教学应该培养学生注重因果的推理能力及思考方式

具有创造性的教学应该完全超越追求正确答案的死记硬背的教学模式,最优秀的教师应该重视因果关系的分析、注重使用证据通过推理得出结论的能力,他们应该通过教学帮助学生推理出正确的答案,让他们知道那些历史学家、物理学家、数学家或政治学者是如何思考的,再现大师们利用推理能力建立起本学科理论大厦的思路,使学生逐步拥有抽象的推理能力,来理解本学科的某些至关重要的概念。通过教学积累经验,了解学生最可能会在哪些方面遇到困难,鼓励他们通过团队合作,不断磨炼推理能力,并提供各种各样改进推理能力的经验及参考资料。

3.创造性的教学应该鼓励学生挑战应试环境下积累的惰性思维模式

不可否认,中学的应试教育在选拔人才的同时,限制了学生创造性思维方式的建立,一个优秀的教师应该在课堂上强调建立新的思维模式的重要性,十几年的应试教育养成了学生直奔正确答案的惰性思维方式,在教学中应该尽量弱化应试的思维模式,设计出挑战原有思维方式的问题,有意将学生置于某种强制的环境中,使他们原有的思维模式不能发挥作用。

4.创造性教学要建立一种角色转换的互动式教学模式

教学的最高境界是帮助学生学会推理和创造,学会使用新信息,而不是告诉学生应该知道什么,应该记住什么。接下来就是教师必须面对"我需要讲哪些内容"的问题。这个问题是对传统教学观念和传统学习观念的一种挑战,基于传统的教学观,通常教师谈起知识,最直接反应就是韩愈《师说》中说的:"师者,所以传道授业解惑也。"好像知识就是教师应该"传递"和"转让"给学生的东西,一个性急的教师总是希望能够打开学生大脑,把知识直接灌输给他们,这样很自然就会把精力放在找出一种自己觉得最有道理的对问题的解释,而非找一种能够帮助和鼓励学生去构筑自己的解释、去推理、去得出结论、去行动的解释。

但是,由此也会产生一些争论,就是课堂到底以谁为主的问题。如果鼓励学生去推理、去得出结论,这种模式势必让学生在学习过程中变成主角,他们获得信息,并学会理解信息。但是,从另一方面看,学生需要对某些知识点的解释,需要有人指导更有效的阅读,需要有人帮助他们通过阅读和作业,对教材中的观点及获得的信息找出推理的路径。

因此,较为合理的创造性教学模式应该是,老师在课堂阐明关键的信息和概念,为学生搭建一个基础性的框架,让学生能够继续获得自己的理解和结论,通过不断地互动和练习,最终帮助学生构建起知识的大厦。

5.创造能力的提升应该面向每一层次的学生对象

创造性的教学,不仅对那些学习能力较差的学生有效,同时也适合那些学习能力较强的学生。在传统的、追求正确答案的应试环境下培养出来的学生,即使在大学可以考出高分,有很好的表现,但他们其中的多数人在理解能力、思考能力及逻辑推理方面仍需要提高到一个更高的层次。

教师要根据课程内容设计一些问题,帮助学生把注意力集中在重要的问题上,引导学生抓住可能忽视的前提条件、问题发展过程中的因果链条等,帮助学生掌握重要的观点和假设,理解其含义,并学会应用。通过教学积累不同层次、不同学习能力的学生在推理技能等方面可能遇到的困难,创造一个既相互挑战又需要团队合作的教学环境。

6.创造性教学应尽力还原"正确知识"的获取路径

很多教师在教书时,把自己的学科当作一堆学生必须记忆且永远不变的"真理"。在教授自然科学的教师中此类观点最为突出。但在社会科学及人文科学领域也有很多专家秉持这种观点:"没有什么商量余地,这些事实学生必须掌握。"但回溯这些"正确知识"的获取路径,难道真的一路坦途?难道不存在可能的歧路?难道就不存在曲径通幽、柳暗花明的新境界吗?

自然科学的每一个学科,在探索自然规律的时候,科学家面对的是纷繁的信息和海量的数据,大师们是如何找到正确的路径的?教学中努力再现大师的思想路径,要比记住那些公式更有价值。随着时间的推移,新的、更深入的发现不断地对已有理论进行着严苛的证伪,同时新的、有价值的理论分支不断涌现,如何模仿前人的思维模式,试着利用数学、计算机等工具进行一些有意义的初步探寻,是可以在培养具有创新性人格方面做出有益的尝试。把简单的事情考虑得很复杂,可以发现新领域;把复杂的事情看得很简单,可以发现新定律。

人文领域在探寻真理的过程中,存在着不同的学派,存在着不同的主张,这些学派、主张甚至是冲突的,他们都殚精竭虑找出他们已经发现"真理"的含义和可能的应用。给学生指出这些不同的探寻路径,帮助学生关注学科发展过程中意义重大的思想转折时刻,并介绍当时的争论的焦点,让学生有批判性地做出评判,而不是代替学生做出一个唯一的选择,应该是提升教学创造力的一个重要步骤。

三、创造力提升途径

在讨论如何才能实施创造性的教学,如何才能激发学生的创造能力之前,有必要先介绍国外一些专家关于学生在学习过程中学习模式的研究成果。美国威尔斯利学院的威廉·佩里等心理学家在研究本科生智力发展工作时,指出学生在本科学习中可能经历的四个广义的层次分类。

1. 在最基础的层次上,学生在学习时只注重核对对错,只注重"正确答案",之后把它们记住。这种学生被称为"接受型认知者"。这种类型的认知者,学习时囫囵吞枣,真理是外在的,不能把其化为自己的知识,在这种模式中,老师只需要把正确的答案直接储存在学生大脑中即可。

2. 通过学习,很多学生会发现,不同的专家给出的"正确答案"可能并不相同。这时,学生就进入第二个发展阶段——"主观认知者"阶段,用感觉来判断一个概念的正确与否。在人文、社科领域相关专业学习的学生尤其如此,这个层次的学生如果得了低分,就常常会认为老师不喜欢他的观点。

3. 少数学生最后成为"程序认知者",他们学会了遵守学科的"游戏规则"。他们掌握了学科为做出评价提供的标准,学会了用这些标准来应付学习,他们是思维最敏捷的学生。但这种"认知"并不影响他们课后的思维方式,他们仅仅是给予老师想要的东西,而他们的思想、行为并没有受到太持久的、实质性的影响。

4. 只有到了最高层次的学生,他们才成为独立的、有判断力和创造能力的思想者,重视他们所接触到的观念和思维方式,并能有意识地始终如一地努力加以运用。而最高层次的学生分两类,一类喜欢挣脱某一观点,保持客观甚至怀疑态度;一类总是着眼他人观点的长处,而不是努力将其彻底否定。前者称为"独立认知者",后者称为"关联认知者"。

这些研究表明,学生并不是一直向上发展,而是在不同层次之间来回移动,他们可以同时处在不同发展阶段上。在他们的专业领域,他们可能上升到程序认知的层次;而在其他领域,他们可能仍然是接受型认知者或主观认知者。显然一个优秀的教师首先应该能判断学生分别处于何种层次?允许学生存在差异性,但首先应该摒弃教书仅仅是向学生传授正确答案、学习仅仅是简单记住那些答案的陈旧观念,以此帮助那些接受认知型学生超越其认知模式,教学的最终目标是帮助学生向最高层次发展。

了解了上述观点以后,可以确定若想成为一个在课堂上有创造的优秀教师,首先应该树立如下观念:

(1)知识是通过构建形成的。根据传统的教育观念,记忆是一个储存的仓库,我们把知识存入其中,在需要的时候随时将其取出。其中隐含着学生应先学习材料,之后才能对其进行思考的观念。但一个优秀的教师并不应该这样看待记忆,我们的大脑既是存储器,同时也是处理器,我们是通过自己所有感官接收到的内容来构建我们的现实感,建立我们所认为的世界运行的模式,并利用这种现成的模式去理解新的感官输入。在读大学的时候,每个人可能已经存在各自不同的思维模式,每当遇到新的资料时,每个人就会利用自己已经建立的模式对其进行理解。这就意味着,教师在向学生传授知识的时候,教师的思想并非原原本本地从自己的大脑传递到学生的大脑中。学生们会将自己的思维模式带进课堂,从而影响他们对知识的判断,甚至可能导致他们的理解跟我们想要传达的思想大相径庭。所以要改变存在于每个人身上的那种试图用已知的框架来理解新的输入思维惯性,一个优秀的教师应该在教授他们学科最基本的事实时,要求学生以该学科的成果及研究方法为基础,构建一个新的思维模式。

(2)思维模式的变化是缓慢的。我们如何才能刺激学生去建立新的思维模式,进行"深度"学习。

人的思维模式有成千上万种,每个学生不见得了解究竟是何种思维模式阻碍了自己的正确认知;另外,即使知道自己的认知模式存在误区,但是由于思维惯性,他们仍有可能对固有的模式依依不舍。

教师应该摒弃应试的教学模式,将学生置于自身思维模式不能发挥作用的境地,先让学生在中小学培养出的惯性思维模式不起作用,再帮助他们慢慢学会构建一个新的认知框架,通过建立自己的理解,学会使用知识去解决问题。通过理解和应用的过程来学习知识,也许他们最终依然必须记住一大堆知识,但同时他们学会了通过逻辑推理来解决问题。

怎样做才能实现教学上创造能力的提升,是一个很难下定义的命题,因为教无定法。但是,如果你留意的话,在你大学生涯中,从那些魅力四射的老师身上,从电视公开课上那些举重若轻的名师身上,你一定能感受到他们传递给你的充满创造性的力量。

第二节　沟通能力

教和学永远是一对矛盾,谁为主体的讨论永远是仁者见仁、智者见智。一个教师站在讲台上,如果善于沟通、勤于沟通,一定能让学生尽快地接受你,顺利地建立起教与学之间的桥梁,此后才能够在一种配合的、活跃的环境中完成自己的教学设想,若想要完成此目的,首先就要了解学生的心理和需求。

研究和调查显示,不管是何种专业,学生对教学的期望是稳定的,学生喜欢什么样的教学和厌恶什么样的教学具有一些共性,知彼知己,才能有利于教学中的师生沟通。除去一些具有技术性的数据,将学生喜欢和不喜欢的教学列出如下:

一、学生喜欢的教学模式

教师能够清晰、有逻辑地呈现本学科的基本素材;

教师能够使学生理解本学科的基本原则;

教师能够帮助学生对知识进行深入浅出的理解;

教师能够保持课程的连续性;

教师对学生的批评是建设性的,有益于学生的改进;

教师应该表现出某一学科中的专家知识水平;

教师不照本宣科,在教学中会拓展教科书中未提到的内容;

教师经常举例说明学科理论的实际应用;

教师不会仅依据一次考试或一次作业来评判学生;

能纵观全局的讲课,即前后章节要相互关联、前后章节要与整个课程联系起来。

二、学生不喜欢的教学模式

教师想当然地认为学生已经拥有成功学习某门课程的背景知识；

教师想当然地认为学生已经具有掌握学科内容的动机；

教师的 PPT 讲稿布满了密密麻麻的文字，或者播放时间太短，学生来不及理解其中的信息；

教师声称欢迎学生提问，但是不给学生提问时间，或者当不喜欢学生提出的问题时会取笑学生；

教师要求学生对学科知识的意见和解释借鉴自己的观点，并用考试成绩作为威胁来保证学生服从自己的观点；

教师未能及时更正、更新教案，每个学期都以同样的方式讲授同样的内容。教师传播着过时的、不正确、不完整、基于自己偏见的信息、解释和观点；

教师事先未能做好准备，讨论处于无序状态，经常因不明原因偏离主题，学生不能理解教师讲了些什么；

教师对目前的状况厌倦，对所从事的教学工作缺乏热情，教学没有激情，讲课单调乏味，不能清晰地阐述教学内容；

教师向学生做长篇大论，中间不做任何停顿；

教师表现得过于自我，不能与学生建立关系，也未能表现出对学生个体的兴趣。教师傲慢、冷漠，不尊重学生，常常威胁学生，经常挥舞考试的大棒，并以自己这种风格自豪；

教师似乎是无法接近的，他不与学生交流，没有约定的答疑时间，在课外时间也对学生没有任何帮助；

教师未能指出为了考试学生应该掌握的东西，教师出的试卷、布置的作业和讲课内容无关，在学生准备考试的过程中，教师未能提供任何帮助；

教师不能一视同仁，而是特别关照某些学生。

三、师生沟通的原则和策略

通过媒体，我们经常可以听到许多著名教师诲人不倦的故事，听到许多勤恳的教育家使顽石点头、春风化雨的美谈。这往往会在刚刚走上讲台的教师的脑海中化成一个让人望而生畏的形象:名师一定是一个学识丰厚、充满爱心,同时又极富人格魅力的超人。

其实,这些杰出的教师既有幽默风趣的,也有不苟言笑的;既有严格拘谨的,也有不拘小节的;既有妙语连珠的,也有出语考究的。个性并不是成功教学中的决定因素,除去知识和经验上的储备,杰出的教师无一例外是在课堂上最善于与学生沟通的专家,在这些杰出教师与学生沟通背后有一个精心打造的态度、概念和感知的模式。我们试着将师生沟通的策略和原则总结如下:

1.师生关系决定教学成败

无论是你自己在做学生时,还是登上讲坛后,你都会发现同样的授课内容,甚至是面对同样一批学生,有的教师把课上得精彩纷呈,有的却上得味同嚼蜡。低效的教育产生的原因是师生沟通的低效,在沟通时一些最基本的禁忌是:

说教。尽管你讲的道理是正确的,但喋喋不休的说教会让学生产生抗拒心理,会对教师产生厌烦情绪。

命令。教师命令式的要求会让学生产生距离感,甚至是怨恨和敌对的情绪。

泛泛之词。当学生急切地想要教师给予帮助时,老师没有意义的安慰语言会让学生产生失望的情绪,会对教师产生无能、冷漠的不良印象。

师生沟通交流时正确的做法是:通过聆听学生的述说,感受对方的情绪,让学生体会到你的关心,建立沟通的初步基础;随时调整自己的表述方式,让对方能够接受你的想法;通过对方的认可,让他能够自省并感受到问题所在,能够全部或部分接受你的建议;将这种相互信任延伸到教学活动之中,把沟通提升到自然而然的境界。

2.建立师生平等的观念

在教学工作开始时,每个教师一定对自己所授的课程充满信心,潜意识里一定希望能够建立一种权威感,以此顺利地推进教学工作,自觉或不自觉地对学生的不敬及不认真举起分数这个杀威棒,讲课成为行使这个权利和炫耀学问的机会,但结果往往是教师丧失了权威、学生付出了代价,教与学两败俱伤。

一个优秀的教师绝不是靠挥舞成绩的大棒、炫耀学问而取得成功的，所有的成功一定源于在学生身上倾注心血，源于对学生的关心。我们把时间、心血和精力花费在学生身上后传递出的感染力和亲和力是能够深入人心的，这是师生顺利沟通的前提条件。

教学时时要传达一个观念，高考不过是获取了一张高校的入场券，而大学的学习是要获取一张人生的入场券，我们每一次教学活动就是在为你将来的目标提供一次次强有力的支撑。严明的纪律规则从本质上说不仅仅是一种契约，更是基于师生之间一种牢不可破的信任关系。基于这种信任关系，你可以坦诚地告诉学生：我竭尽所能帮助你们学习，培养你们的能力，但是你必须决定是否愿意经历这种体验，如果你决定投身这个事业中，有些事情你必须下定决心去做，不虚度四年的光阴。

切记考试成绩不是教育的目的，教学不是制造赢家和输家的游戏，设法帮助每个学生达到最佳状态才是保证你在学生心目中的威信，并能和学生进行有效沟通的重要前提。

3.建立信任与坦率的关系

摒弃绝对权威之后，取而代之的是同等重要和更有效力的信任感。这种信任意味着老师相信学生想要学习，并假设他们能够学好。这种信任感可以产生较高的期望值，可以超越相互挑剔的氛围，拉近与听课学生的距离，把听课的学生变得亲切友善。一个杰出的教师在课堂上将信任通过每一节课传递给学生，最终一定会使学生提高自信及自律，并从中受益；相反一个平庸的教师总是担心学生欺骗自己，教学中疑虑重重，教室中最终将充斥着敌视，课堂上不会有任何互动的闪光和学生灵气的迸发。

跟学生建立了特殊信任的教师，经常展现出海纳百川的气度，有了这种胸怀，他们可以适时地谈论自己的求学经历、人生抱负、成功的经验和失败的教训；在适当的时候谈谈是什么东西吸引自己进入研究的领域，什么问题的探索产生了富有意义的研究成果，并激励了自己的人生智慧。著名物理学家、诺贝尔奖获得者波尔就曾讲过一句名言：我不怕显露我的愚蠢。切记，课堂并不是炫耀专门知识、标榜自我的场所，科学并不是神秘莫测、高不可攀的东西，平视的角度往往更容易激发学生对探索未知的世界的好奇，并对掌握新的知识充满信心。

信任和坦率可以产生良好的互动氛围，学生可以自由讨论各种观点和理解方法而不担心受责难和难堪。应该告诉学生,没有万能的专家,教学相长,老师在课堂上也可以从学生身上学到东西,让学生感觉放松和有挑战感,鼓励向老师和他人观点质疑,学会欣赏学生勇于提问的精神,树立"我的班上根本没有愚蠢问题"的观念。诺贝尔奖化学奖获得者——哈佛大学的达德利·赫希巴赫说:在你能够达到了解事物的新水平之前,你一定是迷惑不解的。

4. 坦然面对可能遇到的挫折

一个教师的教学生涯犹如一次航行,内心要有一种坚定的信念:我和我所带领的学生一定能成就一番事业,前人积累的学问是为我们导航的灯塔。我们最终所能达到的目标不是依靠天赋过人,更重要的是源自持之以恒的毅力。但航行不可能会是一帆风顺的,总会遇到偶尔的迷失或搁浅。一个优秀的教师首先应该超越责任认定造成的压力,如果仅仅是抱怨管理方和学生,从负面吸取教训,对学生产生防范心理,给自己树起一道无形的围墙,这势必影响教师的自信心。正确的态度是反省是不是有什么事情没有做到位。对学生依然怀有公平、同情和关爱之心,以平静、平等的心态去解决问题,并将这种为师之道始终贯穿在今后的讲课内容、讲课方法和评估学生之中,这样就一定能够平稳地驾驶教学之舟驶向正确的目标。

四、师生沟通的艺术

作为一个教师,在课堂、实验室、办公室或与学生相遇的任何地方,展现沟通艺术的最重要技巧就是以口头表达方式刺激学生的思维能力。在学术界,写好文章特别重要,相比之下,口头交流技巧则显得不那么重要。然而,教师在与学生沟通时,或言简意赅地说明,或长篇大论地解释,与写作科技论文一样需要精益求精的技巧。

1. 关注全体

最富有感染力的教师往往开始讲解要点时,要先注视一个学生,然后把目光从一个学生转移到另一个学生,在完成这个讲解之前,将目光停留在教室后排某个学生那里,让学生感受到你的讲解是面向所有人的。在大教室上课,他们可能会特意询问坐在后排角落的学生:"你能听到我讲话吗?"或者"你可以看见这儿吗?"在课堂上往往只是简单的,旨在加深印象的反问,但你却可以借此观察学生的反应,辨认他们的眼神和体态语言,从这种反馈中,看到那些心领神会、迷惑不解、手足无措或情绪厌烦的面孔,随时调整讲课的方式。

2.掌握节奏

为了打破沉闷,教师可以走下讲台,消除人为的隔阂。为了理解一个重要概念或者找到一个最佳答案,营造一种交流的意识,促使学生感觉到他们是在共同努力,同时是这场探索的参与者。

他们还知道什么时候改变语速。每 10 到 15 分钟,他们改变节奏和讲授的内容,转移方向和焦点,改换活动或题目,用一个故事或问题来结束或开始一项练习。有些教师穿插一些幽默话语,有些教师则从抽象转为具体。如果学生说话就停下讲课,如果学生保持安静,就继续下面的问题。

3.营造气场

很多教师在走进教室前几分钟,经常在办公室或休息室平心静气地坐一会儿,把当天需要帮助学生和激励学生去做的事在心里过一遍。就像在第一个学期,上第一节课一样,让大脑产生紧张和兴奋。当教师进入课堂,一心想激发每个学生的兴趣,想自由有效地进行交流,想帮助每个人理解课程内容,想诱发学生的思维潜能。当教师带着这种意念走上讲台时,最佳教学状态就出现了,教师营造的气场将带动学生、消除隔阂、顺利沟通。如果进入教室时,只是想只要挨过这两节课或向学生炫耀一下自己的学问就行了,这一刻的意念往往会导致整堂课的失败。一个优秀的教师和一个平庸的教师相比较,在课堂内容和结构上也许差异不大,但一流教师针对学生的计划一般要更为周密和广泛,他们是带着一种能量进入课堂的。

4.善用妙语

一个优秀的教师一定是思路清晰透彻的,在对概念和信息的解释上,他的表述要能激发学生的学习兴趣,这种解释经常运用于讲课中,但也经常出现在回复学生提出的问题中。通常,一个优秀的教师以一般性的简单问题开始阐述,然后再过渡到复杂和特定的专业范畴,先使用熟悉的语言,然后再尝试介绍专业的词汇,这样才能降低教师和学生之间的专业壁垒,以利于进一步的沟通。通俗易懂的解释可以帮助学生获得一个透彻的理解,但解释不见得一定要用最精确的语言,可以是一种简单的类推或比喻,强调对概念的宏观理解。有的教师害怕这种形象的解释会损害对概念的精确理解,但随着信息和例证的增多,教师可以通过介绍更复杂的概念,让学生更深入地理解。从一个并不是很精确的起点出发,便于逐步引导学生,直到学生形成敏锐的理解力,再让他回顾最初的理解,并认识到不足之处。只有认识到学习者学习的是构建知识结构而不是单纯吸收知识的教师,才能够大胆做出通俗易懂的解释。

5.调动学生

优秀的教师不仅自己在交流中侃侃而谈,同时也能激发学生交流的兴趣。教师应该尽量使争论问题的声音在教室中响起,但是要控制讨论的走向,不能让课堂讨论流于形式,也不能让学生仅仅停留在打赢嘴巴官司上。杰出的教师不仅要让学生开口交流,还要让学生思考和学会如何参与观点的交流。教师不是在讨论中打发时间,而是让学生开动脑筋,更投入地参与到教学中。

一次成功的课堂讨论,一是学生和教师、学生和学生之间相处时心情舒畅,二是这种对话营造了一种具有探索性和批判性的环境。

其基本模式是,首先老师要提出一些事先设计好的、具有探索性的问题,仔细聆听学生各种五花八门甚至相互冲突的论点,让所有学生能放开禁忌、敞开思想,这样教师可以全面了解教学情况。

其次要激发学生对这个问题的不同观点做出评价。有多少个解决方案?每种方案的结局会是什么?哪一个是最好的解决方案?

最后,优秀的教师会问些总结性的问题:我们在这次讨论中学到了什么?我们所做结论的理由是什么?还有什么问题没有解决?

只要你留心,就会发现,在各个学科和不同环境中,都会有优秀教师在运用这个模式或它的变体。有时候对话以个案研究为中心;有时候对话中心是一个问题、一个论点、一个实验或者全体同学都碰到的经历。在某些领域,这些论点可能是概念性的,或者是解读性的;在某些领域,问题可能是关于原因和结果的(如历史学科);在某些领域,问题可能是实用化的(如理工科)。

6.课后沟通

在教师办公室或答疑教室,教师通常也会遇到一些忧心忡忡的学生,这些人多半是对学科的学习产生了畏难情绪,或者对自己专业选择及人生定位产生了怀疑。针对第一种情况,教师最重要的工作不是帮助他解决眼前的一两个题目,而是通过讨论了解其学习状况,帮助他对关键概念形成自己的理解,培养他的自信心;第二种情况下,一个优秀的教师更重要的是要学会耐心地聆听,让学生在轻松的倾诉中释放心中的焦虑,这种情况通常不需要教师给出一个确切的答案,而是要通过自己的人生阅历,给出一个参照。教师可以给学生一些建议供其参考,但是一定要让他理解人的一生是要面对多次选择的,学会担当才能真正自立。

当然,优雅的仪态、良好的愿望、字正腔圆的嗓音、热情目光的交流和循循善诱并不是师生交流的全部,杰出的教师不单单是一个优秀的讲演者、讨论引领者或人生导师,从根本上讲,他们应该是特殊类型的学者和思想者,引领学生钻研学问,享受智慧人生。

职业心理篇

第六章 高校教师理想的人格特征

第一节 人格理论介绍

一、16PF

16PF 即 Sixteen Personality Factor Questionnaire(卡特尔 16 种人格因素测验,简称 16PF),是美国伊利诺伊州立大学人格及能力测验研究所卡特尔教授(R. B. Cattell)经过几十年的系统观察和科学实验,以及用因素分析统计法慎重确定和编制而成的一种精确的测验。这一测验用约 45 分钟的时间测量出 16 种主要人格特征,凡是具有相当于初 3 以上文化程度的人都可以使用。

16 种因素是:乐群性、聪慧性、稳定性、持强性、兴奋性、有恒性、敢为性、敏感性、怀疑性、幻想性、世故性、忧虑性、实验性、独立性、自主性、紧张性。这些人格因素是各自独立的,每一种因素与其他因素的相关度极小。经研究,这些因素普遍地存在于年龄及文化背景不同的人群之中。由于这些因素的不同组合,就构成了一个人不同于其他人的独特人格。16PF 不但能明确描绘 16 种基本人格特征,还能根据测验结果推算许多种可以形容人格类型的次元因素:适应与焦虑性、内向与外向、感情用事与安详机警性、怯懦与果断性。

16PF 英文原版共有 A、B、C 三个复本,每本各有 187 题。每一种人格因素由 10—13 个测题组成的量表来测量。16 种因素的测题按序轮流排列,以便于计分,并保持受测者作答时的兴趣。为防止被试勉强作答,每一测题都备有三个可能的答案,使受测者有折中的选择。为了克服动机效应,尽量采用"中性"测题,避免含有一般社会所公认的"对"或"错"的题目。被选用的问题中有许多表面上似乎与某种人格因素有关,但实际上却与另外一种人格因素相关,因此,受测者不易猜测每一测题的用意,从而据实作答。

本测验在国际上颇有影响,具有较高的效度和信度,广泛应用于人格测评、人才选拔、心理咨询和职业咨询等工作领域。该测验已于 1979 年被引入国内并由专业机构修订为中文版。由于 16 种人格因素是各自独立的,相互之间的相关度极小,每一种因素的测量都能使被试某一方面的人格特征有清晰而独特的认识,因此更能对被试人格的 16 种不同因素的组合做出综合性的了解,从而全面评价其整个人格。

二、MBTI

美国的凯恩琳·布里格斯和她的女儿伊莎贝尔·布里格斯·迈尔斯研制了迈尔斯-布里格斯类型指标(MBTI)。这个指标以瑞士心理学家荣格划分的 8 种类型为基础,加以扩展,形成四个维度,即

外倾(E)—内倾(I)

感觉(S)—直觉(N)

思维(T)—情感(F)

判断(J)—知觉(P)

四个维度如同四把标尺,每个人的性格都会落在标尺的某个点上,这个点靠近哪个端点,就意味着个体有哪方面的偏好。如在第一维度上,个体的性格靠近外倾这一端,就偏外倾,而且越接近端点,偏好越强。

这种理论可以帮助解释为什么不同的人对不同的事物感兴趣、擅长不同的工作,并且有时不能互相理解。这个工具已经在世界上运用了将近 30 年的时间,夫妻利用它增进融洽;老师、学生利用它提高学习、授课效率;青年人利用它选择职业;组织利用它改善人际关系、加强团队沟通、指导组织建设、进行组织诊断等多个方面。在世界五百强企业中,有 80% 的企业有 MBTI 的应用经验。

表 6-3　MBTI 心理类型

ISTJ	ISFJ	INFJ	INTJ
ISIP	ISFP	INFP	INTP
ESIP	ESFP	ENFP	ENTP
ESTJ	ESFJ	ENFJ	ENTJ

MBTI 各种性格类型的主要特征：

1. 内倾型

ISTJ

安静、严肃，通过全面性和可靠性获得成功。实际、有责任感。决定有逻辑性，并一步步地朝着目标前进，不易分心。喜欢将工作、家庭和生活都安排得井井有条。重视传统和忠诚。

ISFJ

安静、友好，有责任感和良知。坚定地致力于完成他们的义务。全面、勤勉、精确、忠诚、体贴，留心和记得他们重视的人的小细节，关心他人的感受。努力把工作和家庭环境营造得有序而温馨。

INFJ

寻求思想、关系、物质等之间的意义和联系。希望了解什么能够激励人，对人有很强的洞察力。有责任心，坚持自己的价值观。对于怎样更好地服务大众有清晰的远景。在对于目标的实现过程中有计划而且果断坚定。

INTJ

在实现自己的想法和达成自己的目标时有创新的想法和非凡的动力。能很快洞察到外界事物间的规律并形成长期的远景计划。一旦决定做一件事就会开始规划并直到完成为止。多疑、独立，对于自己和他人能力和表现的要求都非常高。

ISIP

灵活、忍耐力强，是个安静的观察者，有问题发生，就会马上行动，找到实用的解决方法。分析事物运作的原理，能从大量的信息中很快找到关键的症结所在。对于原因和结果感兴趣，用逻辑的方式处理问题，重视效率。

ISFP

安静、友好、敏感、和善。享受当前。喜欢有自己的空间,喜欢能按照自己的时间表工作。对于自己的价值观和自己觉得重要的人非常忠诚,有责任心。不喜欢争论和冲突。不会将自己的观念和价值观强加到别人身上。

INFP

理想主义,对于自己的价值观和自己觉得重要的人非常忠诚。希望外部的生活和自己内心的价值观是统一的。好奇心重,很快能看到事情的可能性,能成为实现想法的催化剂。寻求理解别人和帮助他们实现潜能。适应力强,灵活,善于接受,除非是有悖于自己的价值观的。

INTP

对于自己感兴趣的任何事物都寻求找到合理的解释。喜欢理论性的和抽象的事物,热衷于思考而非社交活动。安静、内向、灵活、适应力强。对于自己感兴趣的领域有超凡的集中精力深度解决问题的能力。多疑,有时会有点挑剔,喜欢分析。

2.外倾型

ESIP

灵活、忍耐力强、实际、注重结果。觉得理论和抽象的解释非常无趣。喜欢积极地采取行动解决问题。注重当前,自然不做作,享受和他人在一起的时刻。喜欢物质享受和时尚。学习新事物最有效的方式是通过亲身感受和练习。

ESFP

外向、友好、接受力强。热爱生活、人类和物质上的享受。喜欢和别人一起将事情做成功。在工作中讲究常识和实用性,并使工作显得有趣。灵活、自然不做作,对于新的任何事物都能很快地适应。学习新事物最有效的方式是和他人一起尝试。

ENFP

热情洋溢、富有想象力。认为人生有很多的可能性。能很快地将事情和信息联系起来,然后很自信地根据自己的判断解决问题。总是需要得到别人的认可,也总是准备着给予他人赏识和帮助。灵活,自然不做作,有很强的即兴发挥的能力,言语流畅。

ENTP

反应快、睿智、有激励别人的能力、警觉性强、直言不讳。在解决新的、具有挑战性的问题时机智而有策略。善于找出理论上的可能性,然后再用战略的眼光分析。善于理解别人。不喜欢例行公事,很少会用相同的方法做相同的事情,倾向于一个接一个地发展新的爱好。

ESTJ

实际、现实主义。果断,一旦下决心就会马上行动。善于将项目和人组织起来将事情完成,并尽可能用最有效率的方法得到结果。注重日常的细节。有一套非常清晰的逻辑标准,系统性地遵循,并希望他人也同样遵循。在实施计划时强而有力。

ESFJ

热心肠、有责任心、合作。希望周边的环境温馨而和谐,并为此果断地执行。喜欢和他人一起精确并及时地完成任务。事无巨细都会保持忠诚。能体察到他人在日常生活中的所需并竭尽全力帮助。希望自己和自己的所为能受到他人的认可和赏识。

ENFJ

热情、为他人着想、易感应、有责任心。非常注重他人的感情、需求和动机。善于发现他人的潜能,并希望能帮助他们实现。能成为个人或群体成长和进步的催化剂。忠诚,对于赞扬和批评都会积极地回应。友善、好社交。在团体中能很好地帮助他人,并有鼓舞他人的领导能力。

ENTJ

坦诚、果断,有天生的领导能力。能很快看到公司或组织程序和政策中的不合理性、低效能性,发展并实施有效和全面的系统来解决问题。善于做长期的计划和目标的设定。通常见多识广,博览群书,喜欢拓宽自己的知识面并将此分享给他人。在陈述自己的想法时非常强而有力。

三、霍兰德模型

约翰·霍兰德(John Holland)是美国约翰·霍普金斯大学心理学教授,美国著名的职业指导专家。他于 1959 年提出了具有广泛社会影响的职业兴趣理论。认为人的人格类型、兴趣与职业密切相关,兴趣是人们活动的巨大动力,凡是具有职业兴趣的职业,都可以提高人们的积极性,促使人们积极地、愉快地从事该职业,且职业兴趣与人格之间存在很高的相关性。霍兰德认为人格可分为现实型、研究型、艺术型、社会型、企业型和常规型六种类型。

经过多年的发展,职业兴趣测验已在教育、培训、企业管理等领域有了越来越多的应用。企业招聘时,通过对应聘者职业兴趣的测试,判定其属于哪种类型,由此决定录用职位。在企业的日常管理中,如果出现员工和职位不匹配的情况,可测试出员工的职业兴趣,再安排与其职业兴趣相匹配的岗位。霍兰德的职业兴趣理论对于个人升学、就业具有重要的指导作用,已成为众多职业咨询机构的重要工具。另外,霍兰德于1982年编撰完成的霍兰德职业兴趣代码字典对美国职业大典中的每一个职业都给出了职业兴趣代码。职业兴趣量表可直接应用于职业辅导和咨询。

霍兰德的类型理论提供了一个重要的生涯辅导理念:把个人特质和适合这种特质的工作联合起来。生涯辅导(简单说就是职业辅导)强调生涯探索,对自我能力、兴趣、价值以及工作世界的探索,霍兰德巧妙地拉近了自我与工作世界的距离。借助霍兰德代码的协助,当事人能迅速、系统而且有所依据地在一个特定的职业群里进行探索活动。令人称道的是,它提供和个人兴趣相近而内容互有关联的一类职业,而不是仅仅冒险地去建议个人选择一种特殊的职业或工作。此外,在生涯咨询(具体就是职业指导)方面,霍兰德的职业性向论也可以出其不意地引导当事人走向一个主动、积极的行动方向,进行动态探索。得到自己的代码和有关的职业群名称,当事人得以"起而行"地探查自己将来有可能选择的职业的各种事务,包括工作内容、资薪收入、工作所需条件等。

霍兰德的理念是:人的内在本质必须在职业生涯的领域中得以充分扩展,期待一个人能在适当的生涯舞台上充分地展现自我,实现自我,不仅能安身,更能立命。他的理论就是协助当事人从迷惑中找到"人之所是"的立命之所。

职业兴趣是职业选择中最重要的因素,是一种强大的精神力量,职业兴趣测验可以帮助个体明确自己的主观性向。

霍兰德模型各种性格类型的主要特征:

1. 社会型

共同特征:喜欢与人交往、不断结交新的朋友、善言谈、愿意教导别人。关心社会问题、渴望发挥自己的社会作用。寻求广泛的人际关系,比较看重社会义务和社会道德。

典型职业:喜欢要求与人打交道的工作,能够不断结交新的朋友,从事提供信息、启迪、帮助、培训、开发或治疗等事务,并具备相应能力,如教育工作者(教师、教育行政人员),社会工作者(咨询人员、公关人员)。

2.企业型

共同特征:追求权力、权威和物质财富,具有领导才能。喜欢竞争、敢冒风险、有野心、有抱负。为人务实,习惯以利益得失、权力、地位、金钱等来衡量做事的价值,做事有较强的目的性。

典型职业:喜欢要求具备经营、管理、劝服、监督和领导才能,以实现机构、政治、社会及经济目标的工作,并具备相应的能力,如项目经理、销售人员、营销管理人员、政府官员、企业领导、法官、律师。

3.常规型

共同特征:尊重权威和规章制度,喜欢按计划办事,细心、有条理,习惯接受他人的指挥和领导,自己不谋求领导职务。喜欢关注实际和细节情况,通常较为谨慎和保守,缺乏创造性,不喜欢冒险和竞争,富有自我牺牲精神。

典型职业:喜欢要求注意细节和精确度、有系统、有条理,具有记录、归档、据特定要求或程序组织数据和文字信息的职业,并具备相应能力,如秘书、办公室人员、记事员、会计、行政助理、图书馆管理员、出纳员、打字员、投资分析员。

4.现实型

共同特征:愿意使用工具从事操作性工作,动手能力强,做事手脚灵活,动作协调。偏好于具体任务,不善言辞,做事保守,较为谦虚。缺乏社交能力,通常喜欢独立做事。

典型职业:喜欢使用工具、机器,需要基本操作技能的工作。对要求具备机械方面才能或从事与物件、机器、工具、运动器材、植物、动物相关的职业有兴趣,如技术性职业(计算机硬件人员、摄影师、制图员、机械装配工),技能性职业(木匠、厨师、技工、修理工、农民、一般劳动)。

5.调研型

共同特征:思想家而非实干家,抽象思维能力强,求知欲强,肯动脑,善思考,不愿动手。喜欢独立的和富有创造性的工作。知识渊博,有学识才能,不善于领导他人。考虑问题理性,做事喜欢精确,喜欢逻辑分析和推理,不断探讨未知的领域。

典型职业:喜欢智力的、抽象的、分析的、独立的定向任务,要求具备分析才能,并将其用于观察、估测、衡量、形成理论、最终解决问题,如科学研究人员、教师、工程师、电脑编程人员、医生、系统分析员。

6.艺术型

共同特征:有创造力,乐于创造新颖、与众不同的成果,渴望表现自己的个性,实现自身的价值。做事理想化,追求完美,不重实际。具有一定的艺术才能和个性。善于表达、怀旧、心态较为复杂。

典型职业:喜欢的工作要求具备艺术修养、创造力、表达能力和直觉,并将其用于语言、行为、声音、颜色和形式的审美、思索和感受,具备相应的能力。不善于事务性工作,如艺术方面(演员、导演、艺术设计师、雕刻家、建筑师、摄影家、广告制作人),音乐方面(歌唱家、作曲家、乐队指挥),文学方面(小说家、诗人、剧作家)。

然而,大多数人都并非只有一种性向。比如,一个人的性向中很可能同时包含着社会性向、实际性向和调研性向这三种。霍兰德认为,这些性向越相似,相容性越强,则一个人在选择职业时所面临的内在冲突和犹豫就会越少。为了帮助描述这种情况,霍兰德建议将这六种性向分别放在一个正六三角形的每一角。

员工的工作满意度与流动倾向性,取决于个体的人格特点与职业环境的匹配程度。当人格和职业相匹配时,会产生最高的满意度和最低的流动率。例如,社会型的个体应该从事社会型的工作,社会型的工作对现实型的人则可能不合适。这一模型的关键在于:(1)个体之间在人格方面存在着本质差异;(2)个体具有不同的类型;(3)当工作环境与人格类型协调一致时,会产生更高的工作满意度和更低的离职可能性。

第二节　高校教师应有的人格特征

"所谓大学者,非谓有大楼之谓也,有大师之谓也。"这句国人用以评论大学而引用频率最高的话,道出了一所好大学的实质:卓越的大学应当拥有杰出的教师。随着我国高等教育从精英化向大众化的转型,大学教师的规模在不断扩大,学历结构也在逐年提高。然而,大学教师人数多了、学历高了,特立独行、学问和情趣兼备,有个性魅力的大师却相对少了。而教师在教学中的角色是非常关键的。所有的教师都会对他们所教学生的学习生活产生一些影响,而某些教师会持续地产生更大和更积极的影响,他们似乎与学生相处更融洽,在教授知识方面更成功。这种教师称之为"有效的教师"。有效的教师是进行有效教学的基本前提。有效教学是教师通过教学过程的合规律性,成功引起、维持和促进学生的学习,相对有效地达到了预期效果的教学,是符合教学规律、有效果、有效益、有效率的教学。有效教学是提高学校教学质量的重要保证。有效的教师,有许多共性的人格特征。这些共性的人格特征不仅产生较好的教学效果,也带来了帮助塑造学生个性的作用。俄国教育家乌申斯基认为:"只有人格才能影响人格的形成和发展,只有性格才能形成性格。"

如前所述,个性特征对工作绩效产生影响。因此,作为高校教师,以下是理想的个性特征:

1. 积极进取,乐观向上

乐观,是最为积极的个性因素之一,也是一种生活态度。乐观就是无论在什么情况下都保持良好的心态。乐观,就是有个"美好的信念"。总是相信一些好的东西。一个什么都不信的人,再怎么笑都不是一个乐观的人。国外心理学家指出,乐观主义者更容易取得成功,这是因为他们的心态更加积极,这种积极心态会推动他们向目标前进。"一旦我们预期会发生特定的结果,我们接下来的思想和行为实际上将有助于实现这一成果。"乐观相当于一种暗示的能力,暗示的影响力比人们想象得强大得多,可以改变人们的行为乃至结果。心理学家指出,暗示的力量在于:如果一个害羞的人在参加聚会时,暗示自己是最优秀的,自己完全可以应付这场聚会,那么他很可能整晚都会觉得不那么紧张,他能更好地与人交往与聊天。越是乐观主义者,他们就越积极,面对困难时,也会积极面对,暗示自己能够克服与解决。而悲观主义者却相反,当面对困难时,他们就产生不良暗示,认为自己不行,不能解决,所以他们就更难成功!

高校教师对国家、社会、人生、工作、群体保持乐观,积极进取是很关键的。许多教师,特别是一些曾身处逆境的教师,是积极进取、乐观向上的性格使他们走上成功之路。

乐观的教师,往往也很热情。他们会让学生认为,他们很自信,并且喜欢他们的工作,他们信任和尊重学生,所教的课程是有趣的、有用的。他们会帮助学生持之以恒地完成任务,采用不同的方式激励学生,使学生获得更多的知识和更多的满足。他们讲课时全身心投入,抑扬顿挫的语调极富表现力,饱满的激情感染着学生;不断地走动,总是使用丰富夸张的手势,不断地微笑来保持学生的注意力;他们与学生通过眼神的交流,鼓励所有的学生参与进来,引导所有的学生发表自己的看法;他们很有耐心,坚定地认为学生能成功地完成学习任务。

2.宽容忍让

宽容,即允许别人自由行动或判断,耐心而毫无偏见地允许与自己的观点或公认的观点不一致的意见,宽容有气量,不计较或不追究。人在社会的交往中,吃亏、被误解、受委屈的事总是不可避免地发生。面对这些,最明智的选择就是学会宽容。宽容是一种良好的心理品质;宽容是一种非凡的气度、宽广的胸怀;宽容是一种高贵的品质、崇高的境界;宽容是一种仁爱的光芒、无上的福分;宽容是一种生存的智慧、生活的艺术。它不仅包含着理解和原谅,更显示着气质和胸襟、坚强和力量。一个不会宽容,只知苛求别人的人,其心理往往处于紧张状态,从而导致神经兴奋、血管收缩、血压升高,使心理、生理进入恶性循环。宽容是一种无声的教育。唯有宽容的人,其信仰才更真实。最难得的是那种不求回报的给予,因为它以爱和宽容为基础:要取得别人的宽恕,你首先要宽恕别人。尽管我们不求回报,但是美好的品质总会在最后显露它的价值,更让人感动。责人不如帮人,倘若对别人的错处一味挑剔、苛责,只能更加令人反感,而且可能激起逆反心理,使之一错再错。众多优秀教师表现出宽容这一点,表面看是软弱,本质则是胸怀。容不下孩子,怎么能教育孩子?忍不住闲气,如何弘扬正气?用他们的话说:面对学生的不良现象,奋起反击不是上策。培植正确的理想信念,让不良现象自行瓦解消亡,兵不血刃,善之善也。

3.反求诸己

《孟子·离娄上》言:"行有不得者皆反求诸己"。意思是当自己要做什么事却不能达成愿望的时候，不要怨天尤人，要回头从自己的思想、语言和行为方面寻求造成这种结果的原因，从而改变自己，以达成愿望。这是为人、为师做事的最高的智慧教诲。我们把这种人格特征叫作反求诸己，是指在反思中吸取教训。会反思是一种智慧；反思是纠正错误的第一步；能够反思是有理性的表现；反思有助于总结经验教训；反思是一种成熟的人格魅力；在反思中寻求进步；反思不能怕痛苦；反思需要勇气。

在和优秀教师接触时，经常听到他们诉说自己职业生涯的遗憾——哪件事没处理好、哪节课没讲好、对不起哪个学生，等等。越是感觉遗憾多的教师，表现得越优秀。为什么？或许正是因为他们善于反躬自问，才能不断进步。

4. 顽强的意志力

罗伊斯这样说："从某种意义上说，意志力通常是指我们全部的精神生活，而正是这种精神生活在引导着我们行为的方方面面。"意志力是人格中的重要组成因素，对人的一生有着重大影响。人们要获得成功必须要有意志力作保证。孟子就说过："故天将降大任于斯人也，必先苦其心志，劳其筋骨，饿其体肤，空乏其身，行拂乱其所为，所以动心忍性，曾益其所不能。"这段话生动地说明了意志力的重要性。要想实现自己的理想，达到自己的目的，需要具有火热的感情、坚强的意志、勇敢顽强的精神以及克服前进道路上的一切困难的决心。高校教师在教学、科研等工作中，都会遇到各种各样的困难、失败和挫折，比如职称评定没有如意，课题申报失败，论文不能发表，授课不受学生欢迎，等等，这些都是每个老师都有可能遇到的。若没有顽强的意志力，就很难坚持，很容易放弃目标，也就很难取得成功。同时，教师的意志力也是对学生的一种教育。教书育人有时候是全方位的，教师表现出坚强的意志力，学生也能感觉到，必将感染学生，激励着学生提高自己的意志力。

第七章　高校教师的心理健康

第一节　心理健康的标准

一、心理健康的概念界定

心理健康是一种心理功能状态,根据联合国世界卫生组织(WHO)的定义,心理健康不仅指没有心理疾病或变态,且在个体身体上、心理上以及社会上均能保持最高、最佳的状态,即心理健康不仅指个体社会适应良好,还指身体健康、人格的完善和心理潜能的充分发挥。简言之,心理健康就是指个体生理和心理在本身及环境条件许可范围内所能达到的最佳功能状态。教师的心理健康是指教师内部心理状态的平衡及内部心理活动与外部的协调。人的生理健康是有标准的,一个人的心理健康也是有标准的。不过跟人的生理健康的标准相比,人的心理健康的标准就没有那么具体与客观。了解与掌握心理健康的定义对于增强与维护人们的健康有很大的意义。人们掌握了人的健康标准,以此为依据对照自己,进行心理健康的自我诊断,发现自己的心理状况在某个或某几个方面与心理健康标准有一定距离,有针对性地加强心理锻炼,以期达到心理健康水平。如果发现自己的心理状态严重地偏离心理健康标准,就要及时就医,以便早诊断、早治疗。

心理健康是指具有较好的自控能力,且能保持心理上的平衡,能自尊、自爱、自信而且有自知之明。心理健康教育是"新健康教育"的一个重要组成部分,它是以培养身心健康的社会公民为目的,通过运用健康管理的方法,以校园环境、功能环境的改善为主,人文环境的改善相配合,以老师和学生两个主体,提供科学、健康、专业的指导。"新健康教育"在学校建设了专门的健康指导室（心理咨询室），配备专业的心理咨询师长期驻校，以开设心理课程和课外活动等方法引导学生的健康心理发展。同时，开设"亲情聊天室"，为亲情的连接打开通道，为学生们的健康成长铺就一条坦途。

教师的心理健康状况不仅仅是教师自身的个人问题，它会进一步表现在教师的行为和态度上，进而影响学生及学生的身心健康与发展。

二、心理健康的标准

1. 普遍的心理健康标准

心理学家将心理健康的标准描述为以下几点：

（1）有适度的安全感，有自尊心，对自我的成就有价值感。

（2）适度地自我批评，不过分夸耀自己，也不过分苛责自己。

（3）在日常生活中，具有适度的主动性，不为环境所左右。

（4）理智、现实、客观，与现实有良好的接触，能承受生活中挫折的打击，无过度的幻想。

（5）适度地接受个人的需要，并具有满足此种需要的能力。

（6）有自知之明，了解自己的动机和目的，能对自己的能力做客观的估计。

（7）能保持人格的完整与和谐，个人的价值观能适应社会的标准，对自己的工作能集中注意力。

（8）有切合实际的生活目标。

（9）具有从经验中学习的能力，能适应环境的需要改变自己。

（10）有良好的人际关系，有爱人的能力和被爱的能力。在不违背社会标准的前提下，能保持自己的个性，既不过分阿谀，也不过分寻求社会赞许，有个人独立的意见，有判断是非的标准。

美国心理学家马斯洛和米特尔曼提出的心理健康的十条标准被公认为是"最经典的标准"：

（1）充分的安全感。

（2）充分了解自己，并对自己的能力做适当的估计。

（3）生活的目标切合实际。

（4）与现实的环境保持接触。

(5)能保持人格的完整与和谐。

(6)具有从经验中学习的能力。

(7)能保持良好的人际关系。

(8)适度的情绪表达与控制。

(9)在不违背社会规范的条件下,对个人的基本需要做恰当的满足。

(10)在集体要求的前提下,较好地发挥自己的个性。

2.教师心理健康标准

教师心理健康的标准不像身体健康标准那样明确、客观、容易掌握,在具备了一般人心理健康要求的同时,也要充分地体现教师职业的特殊需要。心理学者把教师心理健康指标概括为六个方面:

(1)教师角色的认知。即对自己了解恰当并能愉快地接受自身职业,这是教师心理健康的最基本标准之一。

(2)健康的教育心理环境。这种环境是指教师从事教育工作的内心活动背景。

(3)教育独创性。教师在教育、教学工作中要进行独立的创造性活动,必须具有健康的心理基础,反过来教师在教育工作中的独创性也成为心理健康的标志之一。

(4)抗教育焦虑。遇事能控制自己的情绪,保持镇静,能忍耐挫折和困难的考验等都是教师心理健康的表现。

(5)良好的教育人际关系。心理健康的教师能够正确处理学生、家长、领导以及与其他教师之间的教育人际关系。

(6)教育环境的适应与改造。能够适应发展、革新的教育环境,接受教育事业的新事物,积极改造不良环境,是心理健康的表现。

第二节 高校教师心理健康的意义

一、健康的心理是从事教育工作的必要条件

心理健康是人们学习、工作和生活的基本条件,与失去身体健康一样,不健康的心理会直接影响到人的各种活动的正常进行。特别是教师,他们工作的对象不是某一两个学生,而是学生群体,所以教师的心理失常,将直接影响年轻一代的健康成长。在实际教育工作中,我们常能看到由于教师的心理问题而影响教学工作的实例。因此,我们应该加大对教师心理健康的重视程度。

二、教师的心理健康是学生心理健康发展的需要

在儿童、青少年心理的健康发展和健康人格的形成中,教师的角色起着重要的作用。儿童进入小学以后,绝大部分时间是在学校度过的。教师不仅仅是知识的传授者,也应该是学生心理健康发展的顾问和榜样。在学生心理的健康发展中,教师健康的心理起着积极促进作用;学生的一些消极心理或心理障碍也可能与某些教师不健康心理的影响直接相关。

三、教师的心理健康是教师自身健康生活的需要

和普通人一样,教师也必须注重维护和增进身体和心理两方面的健康。教师的身体和心理两者之间是相互制约,不可分割的。由于教师的职业特点,他们常常处于精神高度紧张的环境,除了要应付日常教学工作外,还要处理好与学生、家长、同事、领导等的人际关系,以及高负荷的脑力活动等。所以,如果教师不能很好地适应这些现实,不但会影响到教学工作,还必然影响教师自身是否能够健康地生活。同时,那些不健康的心理因素也会带来许多身心症状和疾病。

第三节　如何克服心理健康问题

一、心理健康问题的类型

教师的心理健康问题主要表现在职业倦怠、职业适应不良、人际关系问题以及生理和心理疾病等方面。

1. 职业倦怠

教育教学工作本身就是一种应激情景,教师面对的是正在成长的活生生的个体,在花费大量时间和精力钻研业务的同时,还要处理许多非教学性事务,使得教师们面临着前所未有的压力,从而导致职业倦怠。调查显示,66.7%的被调查者感到身心疲惫;近50%的被调查者认为自己的工作枯燥无味,缺乏创造性;近50%的被调查者感觉工作时不太幸福,缺乏成就感。

2. 职业适应不良

职业适应不良是指教师个体与职业环境不能协调一致的一种过程和状态,它会直接影响教师个体的生存与发展。调查结果显示,超过43%的被调查者不能很好地适应当前的教育变革,超过33%的被调查者不能很好地适应学校外面的世界。在当前情况下,教育思想和观念、教学课程和内容、教学方法和手段日益变革,高校教师无论在知识水平还是教育教学能力抑或教育教学方法等方面都存在诸多的不适应,教师的权威地位正在受到前所未有的挑战,使教师感到力不从心。学生家长对子女期望值的日益提高,高校教师来源的日趋多样化,待业教师群的初步形成,加上社会上一些腐败现象的存在,所有这些因素不仅给教师的教育教学工作带来了很大的负面影响,而且与教师原有的传统道德观与价值观形成强烈冲突,造成许多教师严重不适应外部世界的变化。

3. 人际关系问题。

良好的人际关系是个体心理发展、个体保持健康和良好生活状态的重要条件之一。调查数据显示,在遇到困难时近50%的被调查者不能从领导和同事那里得到帮助,超过36%的被调查者认为同事之间关系不够和谐,26.7%的被调查者觉得师生关系不够良好。由于受职业交往面的限制,多数高校教师的社会交往比较少,信息和情感交流不畅,再加上个人性格等因素,因此很容易在人际关系方面出现问题。

二、如何克服心理健康问题

影响高校教师心理健康的有社会、学校、教师自身和职业等因素,它们是相互联系、相互影响的,职业因素是社会、学校等外界因素在教师职业上的表现。教师的心理健康问题是四者共同作用的结果。因此本部分结合高校教师的职业特点,着重从社会、学校和教师个人三个层面探讨提高高校教师心理健康素质的具体方法。

1. 社会层面

政府相关部门应从政策上和经济上对教师的工作给予保障,并加大宣传力度,继续提高高校教师的社会地位;建立教师心理健康干预机制,加强培训,在提高教师专业素质的同时注重教师心理健康教育;社会应多关注教师的常人属性,对教师多一点宽容、理解和尊重。

2.学校层面

学校管理应以人为本,鼓励教师参与;完善教学工作评价体系,开展校本培训和职业指导,满足教师发展需要;重视教师心理健康,加强教师心理健康教育;改善教师工作环境,开展丰富多彩的运动,创造良好和谐的氛围。

3.教师个人层面

(1)教师自身要培养积极愉快的情绪

抑郁、不稳定的情绪在一定条件下对身心都是不利的,所以,培养良好的情绪来增进身心健康是非常重要的。首先,热爱生活、热爱教育工作。一个人对生活的意义有着正确的认识,就会热爱生活,热爱生活的人才能有稳定的、乐观的情绪。其次,正确处理人际关系。人与人之间的关系最容易引起人的情绪变化,良好的人际关系,使人感到愉快、心情舒畅,有益于心理健康。最后,积极锻炼身体。人的身体健康与人的情绪有密切关系。身体健康是情绪愉快和安定的基础。一个人身体健康,往往会精力充沛、心情开朗。

(2)培养优良的意志品质

优良的意志品质是长期培养出来的,不是短时间就能获得的。教师应该从进入教师岗位时起,就加强对意志的锻炼。

①树立正确的人生观和教育观。这是自我培养和锻炼意志的主要条件,一个教师有了正确的人生观和教育观,充分认识自己所从事的教育工作的重要意义,才能使自己的行动服从于教育教学工作的要求,才能设法克服教育工作中的各种困难,不断提高教育质量。

②勇于克服困难。坚强的意志不是凭空而来的,而是在克服困难的实践活动中形成和发展起来的。

③培养有效的情感。人的情感和意志是密切联系着的,各种不同性质的情感对意志行为产生着不同的影响。

④不断提高教育科学知识和技能水平。一个人必须确实地掌握有关的客观规律后,才能遵循和利用客观规律在行动中努力实现预想的目的。

(3)要采用合理有效的工作方式

教师应该明确教育工作的目的,这样才能对自己从事的工作感兴趣,工作时也能集中注意力,从而提高工作效率。人在从事脑力劳动时,大脑皮层兴奋区域的代谢逐渐加强,脑的血流量和耗氧量都在增加,脑的工作能力也逐渐提高,所以要积极防止脑力疲劳和过度疲劳。教师应该学会科学用脑,合理安排生活和工作,使大脑得到适当的休息。也可以安排不同性质的工作交替进行,以使大脑皮层的不同区域得到休息,提高大脑工作效率。大脑在运转的同时消耗了大量的营养,教师也应该加强大脑的营养,合理膳食,来满足大脑新陈代谢的需要。此外,建立良好的人际关系、培养乐观的人生态度、增强挫折的耐受能力等,都是教师自身心理保健应该注意的方面。

职业发展篇

第八章 高校教师职业成功的衡量

第一节 高校教师职业发展阶段

一、职业生涯的概念

职业生涯是指个体职业发展的历程,一般是指一个人终生经历的所有工作岗位的整个历程。每个人一生中连续从事的职业,包括过去、现在和未来那些可以实际观察到的职业发展过程,而且还包括个人对职业生涯发展的看法、价值观和期望。具体说,是以人的潜能开发为基础,以工作内容的确定性、工作业绩的评价、工资待遇、职称职务等的变动为标志,以满足各种需求(包括物质需求和精神需求)为目标的工作经历和内心体验的经历。

对职业生涯含义的描述主要有以下几种:

第一,职业生涯表现为连续性的分阶段、分等级的职业经历和职业过程。

第二,职业生涯是指一个人一生中与工作相关的经历,工作经历包括职位、职务经验和工作任务等。

第三,职业生涯是指人的一生中与工作相关的活动、行为、态度、动机、价值观、愿望等的有机整体。

第四,职业生涯分为狭义和广义两种。狭义的职业生涯是指直接从事职业工作的这段时间,其上限从任职前的职业学习和培训开始;广义的职业生涯是指从职业能力的获得、职业兴趣的培养、选择职业、就职,直至最后完全退出职业劳动这样一个完整的职业发展过程,其上限从人生起点开始。

综上所述，职业生涯就是指一个人一生中从事职业的全部历程。这整个历程可以是间断的，也可以是连续的。它包含一个人所有的工作、职位的外在变更和对工作态度、体验的内在变更。

每个人的职业生涯都会经历一个职业周期，而职业周期的不同阶段，将在很大程度上影响员工的知识水平和对不同职业的偏好程度。不同的职业专家和心理学家对此进行了不同的划分。关于职业生涯的发展阶段理论是非常丰富的。

1. 萨柏的职业生涯阶段

萨柏（Donald E. Super）是美国一位有代表性的职业管理学家，他以美国白人作为自己的研究对象，把人的职业生涯划分为五个主要阶段：成长阶段、探索阶段、确立阶段、维持阶段和衰退阶段，具体见表 8-1：

表 8-1　萨柏的职业生涯五阶段理论

阶段	成长阶段 （0—14 岁）	探索阶段 （15—24 岁）	确立阶段 （25—44 岁）	维持阶段 （45—64 岁）	衰退阶段 （65 岁以上）
主要任务	认同并建立起自我概念，对职业的好奇占主导地位，并逐步有意识地培养职业能力	主要通过学校学习进行自我考察、角色鉴定和职业探索，完成择业及初步就业	获取一个合适的工作领域，并谋求发展。这一阶段是大多数人职业生涯周期中的核心部分	开发新的技能，维护已获得的成就和社会地位，维持家庭和工作两者之间的和谐关系，寻找接替人选	逐步退出职业和结束职业，开发更广泛的社会角色，减少权力和责任，适应退休生活

萨柏认为职业生涯的前三个阶段是职业生涯中最重要的阶段，他将这三个阶段各自划分为三个子阶段，见表 8-2：

表 8-2　萨柏职业生涯五阶段理论中前三个阶段的子阶段

主阶段	子阶段		
	幻想期（10 岁之前）	兴趣期（11—12 岁）	能力期（13—14 岁）
成长阶段	在幻想中扮演自己喜欢的角色	以兴趣为中心，理解、评价职业，开始做职业选择	更多地考虑自己的能力和工作需要

续　　表

主阶段	子阶段		
	试验期（15—17 岁）	转变期（18—21 岁）	尝试期（22—24 岁）
探索阶段	综合认识和考虑自己的兴趣、能力，对未来职业进行尝试性选择	正式进入职业，或者进行专门的职业培训，明确某种职业倾向	选定工作领域，开始从事某种职业，对职业发展目标的可行性进行试验
	稳定期（25—30 岁）	发展期（31—44 岁）	中期危机阶段（44—退休前）
确立阶段	个人在所选的职业中安顿下来，重点是寻求职业及生活上的稳定	致力于实现职业目标，是富有创造性的时期	职业中期可能会发现自己偏离职业目标或发现了新的目标，此时需要重新评价自己的需求，处于转折期

2. 金斯伯格的职业生涯阶段理论

美国著名的职业指导专家、职业生涯发展理论的先驱和典型代表人物——金斯伯格（Eli Ginzberg）研究的重点是，从童年到青少年阶段的职业发展过程。他将职业生涯的发展分为幻想期、尝试期和现实期三个阶段，如表 8-3 所示：

表 8-3　金斯伯格职业生涯三阶段理论

阶段	幻想期（11 岁之前）	尝试期（11—17 岁）	现实期（17 岁以后）
主要心理和活动	对外面的信息充满好奇和幻想，在游戏中扮演自己喜爱的角色。此时的职业需求特点是：单纯由自己的兴趣爱好决定，并不考虑自身的条件、能力和水平，也不考虑社会需求和机遇	由少年向青年过渡，人的心理和生理均在迅速成长变化、独立的意识、价值观形成，知识和能力显著提升，初步懂得社会生产与生活的经验。开始注意自己的职业兴趣、自身能力和条件、职业的社会地位	能够客观地把自己的职业愿望或要求，同自己的主观条件、能力，以及社会需求密切联系和协调起来，已有具体的、现实的职业目标

表 8-4　金斯伯格职业生涯三阶段理论中的后两个阶段的子阶段

主阶段	子阶段			
	兴趣阶段（11—12 岁）	能力阶段（13—14 岁）	价值观阶段（15—16 岁）	综合阶段（17 岁）
尝试期	开始注意并培养对某些职业的兴趣	开始以个人的能力为核心，衡量并测验自己的能力，同时将其表现在各种相关的职业活动上	逐渐了解自己的职业价值观，并能兼顾个人与社会的价值性选择职业	将上述三个阶段的职业相关资料综合考虑，以此来了解和判定未来的职业发展方向
现实期	试探阶段	具体化阶段		专业化阶段
	根据尝试期的结果，进行各种试探活动，试探各种职业机会和可能的选择	依据自我选择的目标，做具体的就业准备		依据自我选择的目标，做具体的就业准备

3. 格林豪斯的职业生涯阶段理论

萨柏和金斯伯格的研究侧重于不同年龄段对职业的需求与态度，而美国心理学博士格林豪斯（Greenhouse）的研究则侧重于不同年龄段职业生涯所面临的主要任务，并以此为依据将职业生涯划分为五个阶段：职业准备阶段、进入组织阶段、职业生涯初期、职业生涯中期和职业生涯后期，参见表 8-5：

表 8-5　格林豪斯的职业生涯阶段理论

阶段	职业准备阶段（0—18 岁）	进入组织阶段（18—25 岁）	职业生涯初期（25—40 岁）	职业生涯中期（40—55 岁）	职业生涯后期（55 岁直至退休）
主要任务	发展职业想象力，培养职业兴趣和能力，对职业进行评估和选择，接受必需的职业教育和培训	进入职业生涯，选择一种合适的、较为满意的职业，并在一个理想的组织中获得一个职位	逐步适应职业工作，融入组织，不断学习职业技能，为未来职业生涯成功做好准备	努力工作，并力争有所成就。在重新评价职业生涯中强化或转换职业道路	继续保持已有的职业成就，成为一名工作指导者，维护自尊，准备引退

4. 施恩的职业生涯阶段理论

美国著名的心理学家和职业管理学家施恩教授，根据人生命周期的特点及其在不同年龄段面临的问题和职业工作主要任务，将职业生涯分为九个阶段，参见表 8-6：

表8-6　施恩职业生涯九阶段理论

阶　段	角　色	主　要　任　务
成长、幻想、探索阶段（0—21岁）	学生、职业工作的候选人和申请者	发现和发展自己的需要、兴趣、能力和才干,为进行实际的职业选择打好基础;学习职业方面的知识,做出合理的受教育决策;开发工作领域中需要的知识和技能
进入工作世界（16—25岁）	应聘者、新学员	进入职业生涯;学会寻求并评估一项工作,做出现实有效的工作选择;个人和雇主之间达成正式可行的契约;个人正式成为一个组织的成员
基础培训（16—25岁）	实习生、新手	了解、熟悉组织,接受组织文化,克服不安全感;学会与人相处,融入工作群体;适应独立工作,成为一名有效的成员
早期职业的正式成员资格	取得组织正式成员资格	承担责任,成功地履行第一次工作任务;发展和展示自己的技能和专长,为提升或横向职业成长打基础;重新评估现有的职业,理智地进行新的职业决策;寻求良师和保护人
职业中期（25岁以上）	正式成员、任职者、终生成员、主管、经理等	选定一项专业或进入管理部门;保持技术竞争力,力争成为一名专家或职业选手;承担较大责任,确定自己的地位;开发个人的长期职业计划;寻求家庭、自我和工作事务间的平衡
职业中期危险阶段（35—45岁）	正式成员、在职者、终生成员、主管、经理等	现实地评估自己的才干,进一步明确自己的职业抱负及个人前途;就接受现状或者争取看得见的前途做出具体选择;建立与他人的良师关系
职业后期（40岁到退休）	骨干成员、管理者、有效贡献者等	成为一名工作指导者,学会影响他人并承担责任;提高才干,以担负更重大的责任;选拔和培养接替人员;如果求安稳,就此停滞,则要接受和正视自己的影响力和挑战能力的下降
衰退和离职阶段（40岁到退休）		学会接受权力、责任、地位的下降;学会接受和发展新的角色;培养新的工作以外的兴趣、爱好,寻求新的满足源;评估自己的职业生涯,着手退休
退　休		适应角色、生活方式和生活标准的急剧变化,保持一种认同感;保持一种自我价值观,运用自己积累的经验和智慧,以资深角色,对他人进行传、帮、带

5.职业生涯发展"三三三"理论

"三三三"理论是将人的职业生涯分为三大阶段:输入阶段、输出阶段和淡出阶段,每一阶段又分为三个子阶段:适应阶段、创新阶段和再适应

阶段,而每一子阶段又可分为三种状况:顺利晋升、原地踏步、降到波谷,具体见表 8-7 所示:

表 8-7　职业生涯的"三三三"理论

阶段	输入阶段 (从出生到就业前)	输出阶段 (从就业到退休)	淡出阶段 (退休前后)
主要 任务	输入信息、知识、经验、技能,为从业做重要准备;认识环境和社会,锻炼自己的各种能力	输出自己的智慧、知识、服务、才干,进行知识的再输入、经验的再积累、能力的再锻造	精力渐衰,但阅历渐丰、经验渐多,逐步退出职业,适应角色的转换

表 8-8　输出阶段的三个子阶段

输出阶段	个人的工作状态	职业环境状态
适应阶段	订三个契约: 对领导,我要服从你的领导;对同事,我要与你协同工作;对自己,我要使自己表现出色	适应工作硬软环境,个体与环境、个体与同事相互接受,进入职业角色
创新阶段	独立承担工作任务;努力做出创造性贡献;提出合理化建议	受到领导和群众认可,进入事业辉煌时期
再适应阶段	工作出色获得晋升;发展空间小而原地踏步;自身骄傲或工作差错受到批评	个体要调整心态,适应变化了的环境;此时属于职业状态分化时期,领导和同事看法不一

表 8-9　再适应阶段的三种状况

再适应阶段	职业状态
顺利晋升	面临新工作环境的挑战、新工作技能的挑战、原同级同事的嫉妒、领导提出的新要求,表面的风光隐藏着一定的职业风波
原地踏步	"倚老卖老"、不求上进的状态出现,挂在口头边的话是"我早就干(想)过",对同事容易陷入冷嘲热讽,此时如做职业平移或变更会更适合
降到波谷	由于个体原因或客观原因,遭受上级批评,或受降级处分,工作状态进入波谷,此时如能重新振奋精神,有希望进入第二次"三三三"发展状态

二、高校教师的职业生涯阶段

高校教师普遍在校读书时间长,毕业时间晚,因此,他们的职业生涯阶段与一般的职业生涯阶段有所不同。以年龄为依据,每十年作为一个阶段比较合适,即二十岁至三十岁为一个阶段,三十岁至四十岁为一个阶段,依次类推。我们每个人都要经历这几个阶段,这几个阶段分别有相应的任务,具体如下:

1.二十岁至三十岁:准备阶段——在校攻读学位,打好基础

这一阶段的主要特征,是眼看着同学从学校走上工作岗位,而自己还在学校攻读学位,基础是否扎实,如何起步,直接关系到今后的成败。

这一阶段的主要任务之一,就是打好基础,掌握研究方法,培养研究兴趣,训练研究思维。在充分做好自我分析和内外环境分析的基础上,选择适合自己的专业,设定人生目标,制订人生计划。

2.三十岁至四十岁:发展阶段——不可忽视修订目标

主要任务之一,就是要树立自己良好的形象。进入高校,成为一名高校教师,表现如何,对未来的发展影响极大。提升教学技能、站稳三尺讲台是这个阶段的关键任务。同时找准研究方向,持之以恒,不断投稿、申报课题。脚踏实地、谦虚谨慎、善于学习、不断尝试,这样成功的希望就会很大。主要任务之二,就是要坚持学习。根据日本科学家研究发现,人一生工作所需的知识,90%是工作后学习的。这个数据足以说明参加工作后学习的重要性。

这个时期是一个人风华正茂之时,是充分展现自己才能、获得晋升、事业得到迅速发展之时。此时的任务,除发奋努力、拓展事业以外,对很多人来说,还有一个调整职业、修订目标的任务。到了30多岁,应当对自己、对环境有更清楚的了解。看一看自己选择的职业、选择的生涯路线、确定的人生目标是否符合现实,如有出入,应尽快调整。

3.四十岁至五十岁:收获阶段——及时充电

这一阶段,是人生的收获季节,是事业上获得成功的人大显身手的时期。到了这个年龄仍一无所得、事业无成的人应深刻反省一下原因何在。重点在自身找原因,对环境因素也要做客观分析,切勿将一切原因都归咎于外界因素。只有正确认识自己,找出客观原因,才能解决人生发展的困

阻,把握今后的努力方向。

此阶段的另一个任务是继续"充电"。很多人在此阶段都会遇到知识更新问题,特别是近年来科学技术高速发展,知识更新的周期日趋缩短,如不及时充电,将难以满足工作需要,甚至影响事业的发展。

4. 五十岁至六十岁:维持阶段——做好晚年生涯规划

此阶段是人生的转折期,无论是在事业上继续发展,还是准备退休,都面临转折问题。由于医学的进步,生活水平的提高,很多人此时乃至以后的十几年,都还在照常工作,所以做好晚年生涯规划十分重要。日本的职工一般是 45 岁时,开始做晚年生涯规划,美国是 50 岁时做晚年生涯规划,我国的职工按退休年龄提前 5 年做晚年生涯规划即可。一般情况下,在这个阶段,将很难再有重大突破性研究成果。当然,那些能成为科学家、院士的高校教师,在这个阶段还可以有很多的收获,这是他们一直以来孜孜不倦换来的成果。

"春眠不觉晓,处处闻啼鸟,夜来风雨声,花落知多少。"这似乎是一幅自然景观,但何尝不是社会景象?这首诗其实是描述了职业生涯的四个重要阶段。"春眠不觉晓",是在职业生涯的准备阶段,在这个阶段,常常是对自己的未来有些懵懂无知,对于自己未来职业生涯的规划也是模糊的,并不清楚自己将来适合什么样的职业;"处处闻啼鸟"的状态是职业生涯到了顶峰,职业取得了成功,享受到了丰收带来的喜悦,同时有很多人围着你,很多薪水属于你,人生的辉煌在此展现;"夜来风雨声"是职业到了中后期,由于精力有限、身体健康出现危机等原因职业不可能再发展,将会遇到各种障碍而只会走下坡路;"花落知多少"意味着职业生涯走到了终点,甚至生命也将结束,逐渐退出历史舞台。

第二节　高校教师职业成功的标准

一、职业成功的界定

职业是组织与个体心理契约相互协商的结果(Daniel,2003)。也是教育和工作行为的后果。人的社会生活可分为三大领域:家庭生活、职业生活和公共生活。职业生活是社会生活不断向前发展的生命线,人的一生有近一半的时间是在职业生活中度过的,职业生活是人最基本的社会实践活动。职业生活既是人类社会存在和发展的最基本的社会形式,又是个体存在和发展的基本条件,是实现个人价值的途径。因此,职业成功是每个人都关注的,它是个人实现对成就感和权力的需要,同时它带来个体的生活质量的提升。职业成功的衡量与评价,取决于不同的价值观,因此对职业成功的界定不是唯一的。

如何界定职业成功,理论界其实是比较有争议的。在人与组织关系非常密切且人们选择职业和组织的机会都比较小的情况下,如我国 20 世纪 80 年代以前劳动力市场发育不够成熟的情况下,或者如在日本终生雇佣制盛行的情况下,衡量职业生涯成功的标准总是与在组织中的地位联系在一起,比如职位提升速度和级别、薪资达到的水平等是界定职业成功的重要标准。组织也会通过职业生涯管理来留住员工,使员工扬长避短,在组织内部找到适合自己的发展机会,实现个人利益和组织利益的最大化。但是,在知识经济时代,由于竞争全球化,组织的不稳定性增强,许多组织对自己的未来不能完全把握,其本身难以做出长远的规划。对员工的职业生涯的长远规划也变得困难。另外,组织本身层次减少,中级和高级职位相应减少,也很难保证员工有足够可以晋升的职位。为了保障组织及其成员的利益,管理者变得越来越现实。既然长期的、发展性的利益无法保证,短期的、物质的利益就显得更加重要。为此,组织不再对所有的员工都进行职业生涯管理,而只对绩效高、可以为组织带来更多利润、更能适应外部变革的部分优秀员工实施职业生涯管理。因此,仅仅用职位提升速度和级别、薪资达到的水平作为衡量职业成功的标准,就不能适用于所有人员。

二、浙江工商大学教师对职业成功界定的不同看法

笔者对 96 位浙江工商大学教师进行开放式问卷调查。这 96 位教师中,30 岁以下的有 6 名,31—35 岁的有 31 名,36—45 岁的有 43 名,46 岁以上的有 16 名。文化程度的分布如下:本科 5 名,硕士 32 名,博士 58 名。显然,学历层次是比较高的,这与浙江工商大学教师的学历普遍比较高有关。这 96 位教师中,职称分布情况是:初级职称 3 名,中级 35 名,副高45 名,正高 12 名。这 96 位老师,70% 都是从事教学科研岗位的工作。

询问"你认为什么是职业成功"并且要求对各标准进行排序。然后,

对他们的回答进行内容分析和数据统计。结果发现,大家对职业成功的看法是很不相同的。归纳起来有以下几种比较有代表性的看法:

(1)工作得心应手、顺心、顺利,获得自我满足感、成就感。

(2)深受学生喜欢和欢迎。

(3)工作中体验到快乐。

(4)获得同行的认可和尊重。

(5)科研成果在同事尤其是同龄同事中居于前列。

(6)教学业绩总是得 A。

(7)收入比同行高,满意的生活,物质条件得到满足。

(8)科研成果丰富,年度考核连年优秀。

(9)社会服务做得好,横向课题多,与企业等实践联系紧密。

(10)评上高级职称。

这 10 项中,被试者选择将哪一项放在第一位,则该项就被认为是被试者觉得最能作为衡量职业成功的标准。被所有被试提到的频率最高的是"工作得心应手、顺心、顺利,获得自我满足感,成就感",有 66 人次提到,而其他各项均频次不高,差距不大。相反,认为最不能作为衡量职业成功的标准的是"科研成果在同事,尤其是同龄同事中居于前列",其次是"收入比同行高,满意的生活,物质条件得到满足"。两者频率差距不大,一个是 21 人次,一个是 13 人次。

根据人次和排序,将这 10 项综合考虑,计算其作为衡量职业成功标准的认可性。计算方法如下:如:第一项排在第一名赋分为 10,有 66 个人将其排在第一名,则得分 660 分;有 1 个人将其排在第二名,赋分 9 分,得 9 分;有 0 人将其排在第三名,得 0 分;有 1 人将其排在第四名,赋分 8 分,得 8 分;有 1 人排在最不能作为评价标准,赋分为 1,得 1 分;有 0 人将其排在最不能的第 2 名,赋分 2 分,得 0 分;有 0 人将其排在最不能的第 3 名,赋分 3 分,得 0 分;有 9 人将其排在也可以作为的第一名,赋分 6 分,得 54 分;有 0 人将其排在也能作为衡量标准的第 2 名,赋分 5 分,得 0 分;有 0 人将其排在也能作为评价标准的第 3 名,赋分 4 分,得 0 分;累计求和,最后得分为:716。同理求出其他 9 项衡量标准的相应分数,分别为:第 2 项得分是:222;第 3 项得分是 269;第 4 项得分是 203;第 5 项得分是 245;第 6 项得分是 516;第 7 项得分是 412;第 8 项得分是 119;第 9 项得分是

428;第10项得分是193。

按照频次依次排序如下：

（1）工作得心应手、顺心、顺利，获得自我满足感、成就感。得分是716。

（2）深受学生喜欢和欢迎。得分是516。

（3）工作中体验到快乐。得分是428。

（4）获得同行的认可和尊重。得分是412。

（5）收入比同行高，满意的生活，物质条件得到满足。得分是269。

（6）社会服务做得好，横向课题多，与企业等实践联系紧密。得分是245。

（7）科研成果在同事尤其是同龄同事中居于前列。得分是222。

（8）科研成果丰富，年度考核连年优秀。得分是203。

（9）评上高级职称。得分是193。

（10）教学业绩总是得A。得分是119。

从排序来看，将工作得心应手、顺心、顺利，获得自我满足感、成就感和深受学生喜欢和欢迎作为衡量职业成功的衡量标准的教师是比较多的。教书育人，是高校教师的本职工作，而在教学过程中，师生关系的融洽很大程度上说明了学生从教师的教学中有所收获，这种收获带来了对老师的满意和欢迎。而作为教师而言，受学生的喜欢和欢迎，是学识、人品等综合素质的反映，这也给教师带来极大的满足。因此，这个衡量标准作为排名第一的结果，并不奇怪。与此相反，被调查的教师不认为职称、教学业绩、科研成果是衡量成功标准的关键。可见，职称、教学业绩等是一种外在表现，属于名利范畴。而工作过程中的快乐体验、深受学生欢迎是发自内心的感受。

虽然，这里罗列了不同的频次，展现了被调查教师总体上的观点。但是，如果观察内部差异，不难发现，各个教师的观点具有比较大的差异。每一个衡量标准，都出现这样的情况：有的教师将其列入最能评价职业成功的标准，而有的教师认为最能说明职业成功。这个结果给我们这样的启发：职业成功的评价确实是一个很主观的事情。不同价值观的教师对职业成功的界定是存在很大差异的。如何界定职业成功本身是一种职业成功的推动力量。当一个人认定职业成功是可以用目标实现来界定的情况下,他努力追求职业成功的动力就会更大,因此职业成功的希望也越大。对职业成功的界定办法的认识其实本身就折射出一种职业价值观念。这种职业价值观念反过来会成为职业成功的影响因素。人的心理防御机制也可以解释这种现象。当一个人在职业的某个方面不够成功的情况下,他就不太赞同用这些职业成功标准来界定它,类似一种"吃不到葡萄说葡萄酸"的心理防御机制。相反,一个人如果认为收入高低是衡量职业成功的标准,他可能就会努力获得高收入。所以,"你的心在哪里,你的幸福就在哪里",这句话是对的。

第三节 高校教师的职业高原

一、职业高原的含义

职业高原这个概念首先由 Ference(1977)提出,他认为所谓的职业高原就是指个体在职业生涯中的某一个阶段——个体所能够获得的进一步晋升的可能性非常小。后来,Bardwick(1983)提出职业生涯高原不仅包括职级的向上发展(晋升)受到限制,同时也包括在横向水平上的岗位变动已经不太可能。职业高原的概念经过多人发展,逐步丰富。职业高原的主要特点包括:

(1)个体在职业发展上接受进一步挑战,增加和承担进一步的任务和挑战的可能性很小。

(2)个体在职业生涯发展阶段上处于一个职业变动相对缺失的时期,并且与个体的工作晋升和变动密切相关。

(3)职业高原一般被视作个体在职业生涯的峰点,是职业发展"向上运动"中工作内容、责任、挑战、压力的相对静止或者终止,是职业生涯发展上的一种"停滞期"。

(4)职业高原与职业发展阶段密切相关,一般职业高原出现在职业发展的维持阶段。职业高原一般被视作个体在职业生涯的峰点,是职业发展"向上运动"中工作内容、责任、挑战、压力的相对静止或者终止,是职业生涯发展历程中的一个"停滞期"(余琛,2006)。

根据职业高原产生原因的差异,可分为三种类型:

(1)结构高原,是指发生在组织层面的,因组织结构原因使员工的职业发展受到限制,比如组织结构比较扁平,或者是组织晋升标准不明确,晋升规则不公平等。

（2）工作内容高原,是员工个人的原因,由于员工掌握了工作相关的技能和信息以后,缺乏进一步发展的动力和热情。

（3）个人主观高原,是指员工满足于现状,在工作上缺乏新的目标,同时在生活上也相对静止。

二、高校教师遭遇职业高原的原因

高校组织相对其他企业组织而言,外部环境相对稳定,组织结构相对比较机械和稳定,组织等级森严。高校组织不像小公司那么灵活。而高校内各位教师的专业相对固定,专业之间的转换显得不是太容易。在这样的背景下,职业高原现象更加容易出现。

高校教师是那些创造财富时用脑多于用手的人们。他们通过自己的创意、分析、判断、综合、思考给学生施加影响,完成教学与科研等任务。可见,高校教师就是直接利用知识为组织服务的,如果他们遭遇职业高原,尤其是专业高原,就意味着对组织的贡献减少甚至停止。如果不及时突破这种现象,必然对本人、对学校都带来极大的危害。

高校教师面临职业高原,会有如下表现:对职业生涯出现认同危机,认为自己在当前职称或岗位晋升无望,开始反思自我价值的同时,产生失望情绪;认为自己的工作到达顶峰,个人已经没什么可以再学习的了,因而不愿再作进一步发展。同时,这种个体的情绪通过高校教师之间的互相接触,而对整个学校氛围产生一定的影响。所以,职业高原现象产生的负面情绪使得学校在其知识的更新速度和发展空间上大大受到了抑制,对学校是有一定危害的。

影响职业高原现象产生的因素有很多,这里,我们采用 Tremblay (1993)等人的研究结果,结合高校教师特点,分析职业高原现象的成因。

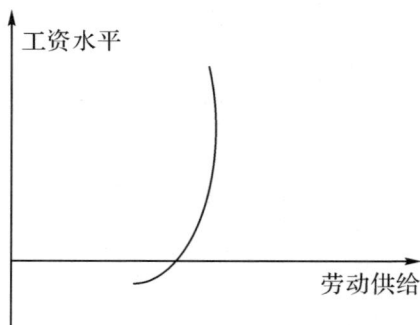

图 8-1　高校教师的劳动供给曲线

1. 个人因素

根据以往研究,个人因素主要包括年龄、价值观、受教育水平、人格因素、晋升愿望、绩效评价、工作投入、以前成功或失败的工作经验、身体原因等。

从经济学角度分析,当个体获得比较丰厚的收入时,他们的劳动供给曲线已经近乎垂直,替代效应大大超过了收入效应,如图 8-1。因此,他们不愿再付出更多的努力,甚至他们减少工作的时间工资反而更高,他们从而转向个人和家庭,获得更多的休闲时光。虽然,高校教师整体上并不具备高收入的特点,但是他们大都具有"视金钱为粪土"的价值观,他们往往并不把收入放在很高的位置,对奢侈品、高档生活的追求欲望是比较弱的。

曾经失败的晋升经历,也容易导致高校教师出现职业高原现象。失败之后,个体常常需要寻找理由安慰自己,继而或者积极进取迎接下一轮的竞争或者偃旗息鼓,甚至从此退出竞争舞台。这取决于高校教师的价值观和工作动机。那些看淡名利、看透人生、善于从别处寻找价值点的高校教师必将走出职业高原。

2. 家庭原因

高校教师通常具备高学历,是人力资本投资较多的一个群体,在其职业早期阶段,必然在工作中,尤其是攻读学位期间付出过较大的努力,他们往往无暇顾及家庭。高校教师中,妻子怀孕,丈夫出国;妻子生产,丈夫在外出差调研;妻子(丈夫)休息,丈夫(妻子)还在灯下奋战,这样的例子非常多。因此,有的高校教师工作了较长一段时间,达到了一定的职位和工资水平的时候,会对家庭产生亏欠感。这时候,家庭的情况会对他们的工作产生巨大的影响,"顾家"的思想会加剧他们的职业高原现象。

3.组织原因

最近几年,各大高校出现组织结构扁平化以及伴随机构精简、岗位尤其是高级职称岗位减少现象,这使得高校教师认为晋升的机会很少。同时,这种现象提高了对教师的要求,要求高校教师具有更强的科研能力、创新能力等,这会使得他们认为自己的工作时间过长,压力过大,进而产生对工作的厌倦情绪。

4.工作特点原因

高校教师的工作特点也导致职业高原现象容易出现。正如前文所述,高校教师创造财富时用脑多于用手,他们通过自己的创意、分析、判断、综合、思考来工作。这样的劳动是内隐的,不容易被观察,也不容易监督,而且质量比较难界定,并且对于组织而言,他们的劳动努力程度比劳动时间更加重要。在勤奋努力、力求完美的情况下干8小时,与在敷衍了事的情况下干8小时,其工作质量会有很大差异。但是,高校教师的努力程度与获得收益之间的关系却很遥远。无论是科研还是教学,都具有这样的特点。以教学为例,针对高校教师的教学工作不可能采用计件工资,即便是采用课时工资制,也仅仅根据授课时间计酬,而很难像生产企业那样针对合格产品计酬,因为课程的质量界定与检验不像生产产品那么容易。而实际上,目前大多数高校均采用岗位工资即固定工资,而固定工资的数额目前大多与科研成果挂钩更为密切,与教学成果挂钩的程度相对较小。因此,高校教师花在备课上的时间与精力,很难在收入上体现出来。何况,教师的精心备课、花大量时间在教学上,又常常受到教学技能的调节作用。也就是说,如果教师的教学技能欠佳、教学经验不足,这些大量时间的付出,也得不到学生的肯定,这些时间不仅不能转化为经济收入,甚至不能转化为工作质量。可见,高校教师的努力程度越大,他的边际效用越小。追求边际效用最大化的高校教师的劳动努力程度极有可能递减,最终表现为职业高原现象。另外,扁平的组织中,教师之间的比较和竞争也显得激烈,高校中尤其如此,刚进的新教师与任教多年的老教授同一个学期给相同班级授课的现象非常常见,发表论文的要求也并不以职称来区分,因此新老教师在相同的平台和要求下竞争。同时,教师之间的相互影响作用会比较强烈。当教师感觉到待遇和自我期望的比值和他人相比不够公平时,非常容易产生失望情绪,他们追求工作成功的意愿受到严重挫折,极有可能导致他们在该工作岗位上停滞不前,遭遇职业高原现象。

三、高校教师职业高原显现的特点

1.主观感知强烈

中国社会比较崇尚追求地位和权威,家庭和社会都对高校教师寄予了很高的期望,和普通劳动者相比,高校教师的职业目标定位较高,社会公平感较强,对事业成功的期望值较高,因此,他们对职业高原的主观感知更加强烈,形成主观高原的概率较高。

2.低龄化趋势

虽然人们一直认为职业高原现象一般发生在职业中晚期,但随着高校组织结构的扁平化、高级职称缩编趋势日渐明显,高校所能提供给高校教师的高级职称也越来越少,加之目前劳动后备军的持续充足供给,博士生招生规模有所扩大,职业高原现象正越来越多地在年轻高校教师中出现。

3.内隐化特征

受中国传统文化和计划经济的影响,中国的高校教师缺乏职业生涯的自我开发能力,处理职业停滞问题时比较消极被动,遭遇高原压力时缺乏适当的减压渠道,职业高原的不良反应表现得比较隐蔽。同时,高校面临的环境相对稳定,其组织结构比较机械,等级也比较森严。这种组织结构下常常形成权力集中,员工相对缺乏沟通渠道的组织文化。因此,高校教师在遭遇职业高原,尤其是结构高原时,一般均采取悄然无声的态度。因此,默然接受、寂静应对的内隐化常常成为高校教师应对职业高原的典型表现。

4.危害大

尽管教师职业高原具有内隐化特征,但这并不能消弭其危害。苏联著名教育家加里宁说:"教师的世界观,他的品行,他的生活,他对每一现象的态度都这样或那样地影响着全体学生。"处于职业高原的高校教师难免消极,尽管这种消极不一定表现为犹如祥林嫂一般天天在口中诉说。

但这种消极的态度很有可能感染大学生,而大学生正处于职业发展的准备阶段,正是需要积极奋进、锐意进取的时期,这个时候特别需要家长、教师、社会的积极鼓励、喝彩、鼓掌、助威。教师消极的态度和价值观无疑在无形中影响了学生的斗志,危害无穷。因此,高校教师的职业高原的危害比一般员工更大。

四、如何避免高校教师的职业高原现象

高校教师能够通过自己的创意、分析、判断、综合,给高等学校带来附加值。他们在组织中具有较强学习知识和创新知识的能力,具有较高专业技术和技能,或者具有本行业丰富的从业经验和杰出科研教学才能,能充分利用现代科学技术知识提高工作效率,能够为高校做出巨大的贡献。与普通劳动者相比,他们对有挑战性的工作有较高的内在兴趣,具有较强的成就动机,往往承担着较重的工作负担与较大的工作责任。同时,高校教师是教学工作的主导,是高校竞争优势的源泉,他们的素质与工作质量直接关系到高校的生存与发展,高校的质量归根到底取决于教师队伍的质量。因此,高校教师如何避免职业高原显得尤为重要。下面分别从高校教师个人和高校两个方面提出一些具有针对性的策略。

1. 个人的自我职业管理

(1)进行自我调整认知。当高校教师意识到自己的绩效、能力得不到高校的承认或者满腔努力得不到回报,比如职称评审中遇到不公正的待遇、申请课题没有如愿、遭到学生的抱怨等,都会出现负面情绪,甚至导致职业高原。这个时候,高校教师应该以积极的情绪来面对问题,接受职业生涯中会有挫折的这一现实,努力克服自己的挫折感,在原有的工作领域进行"充电",为以后的职业发展争取更多的主动性,以获得更多的发展机遇。

(2)学会自我减压,培养积极情绪。由于科学技术发展迅速,高校教师作为知识的传播者更应该跟上时代步伐,因此必须努力学习新知识和新技术。在这样的压力下,高校教师需要进行适当地自我减压,培养积极的情绪,用积极的心态去面对问题,冷静、客观地分析问题,进行自我调整,努力解决问题。

2.学校对教师的职业生涯管理

(1)及时发现职业高原。高校教师一旦遭遇职业高原,他们的教学与科研等工作绩效就会受到不同程度的影响。他们工作的积极性会降低,团队意识会变得淡漠,工作效率会下降,工作的能力也很难得到发挥和提高。所以,学校的各级管理者应当随时关注高校教师的工作绩效,一旦发现他们的工作绩效较以往有很大的变化,就要找出其中的原因,然后对症下药,找寻解决问题的方法。

(2)根据个体特点采用不同策略。高校要从平时管理的细微处入手,采取一定的措施来缓解和解决教师的职业生涯挫败感,激发职业开发的积极性。首先,在教学中应多授权给教师,这在一定的程度上能实现其对工作的控制程度,从而缓解教师因职称晋升困难产生的心理压力,减轻教师对工作的厌倦、懈怠情绪,增加工作的吸引力。另外,通过多样化的奖励方式使更多的教师获得成就感、自我认同感以及自尊感,从而淡化对职称晋升的关注程度。例如:高校可以对工作特别突出的、在某方面有特别贡献的教师颁发特别贡献奖或进行物质奖励;在合适的场合对教师进行口头表扬或书面表扬,通过满足其自我实现的需要、转移其注意力来淡化他们职称晋升的压力。同时,高校应当尽可能营造一个比较轻松的环境,培养教师的积极情绪。让他们在面对职业挫败感时,会冷静地进行思考,分析造成自己处境的原因,并用积极的心态去面对问题,努力进行自身的调整,积极掌握新的工作技能,获取新的视角,为今后承担更多的责任做准备。

(3)实行宽带薪酬制度。薪酬制度传统的做法是:层级越高,工资的提升幅度越大。这就意味着较低层级的组织成员工资的提升幅度较小,容易产生不公平感。个人的工作得不到组织的认同,个人发展受阻,容易形成职业发展中的挫败感和不公平感,影响他们的工作满意度。而宽带薪酬制度会弱化职称与薪酬的联系,使薪酬的提高除了与职称相关外,还与教师的能力挂钩,从而引导他们重视个人技能的增长和能力的提高,发挥特长追求卓越,淡化职称晋升的压力。同时更加体现教师的价值,更能调动他们的积极性和工作满意度。

(4)重塑学校文化,提倡成功标准多元化。组织文化是组织成员在长期的共同生活和工作中形成和拥有的价值观。它规范着组织成员的价值和行为。在传统的层级组织结构中,学校的主流文化认为职称晋升是最重要的甚至是唯一的成功标志。因此,一方面使高校教师积极进取,提高工作绩效,获得职称晋升,但另一方面,也造成了工作目的好像就是为了职称晋升,职称不晋升则工作没有成效。然而高校中能够得到职称晋升机会的教师毕竟数量有限,很多教师将遭遇职业高原进而感受到极大的压力。因此,学校文化应该重新塑造、提倡成功标准多样化,让教师认识到职业成功的标准不仅仅是职称晋升,还有工作本身带来的乐趣、工作经历的多样性、学生的成就以及不断的自我完善等。

(5)采取有效的职业管理手段。高校与教师共同建立职业生涯管理档案,记录教师的个性、技能、能力和潜能。给予教师一个自我职业认识的机会。并提供多种方式的职位培训和开发,学校和教师能够双向选择自我职业发展的方向,积极创造出国进修等技能提升、开拓国际视野的机会。同时,营建学习型的学校氛围,提高学校内部劳动市场的竞争力。同时,增强高校教师的自我实现和职业认同。

(6)实施员工帮助计划。高校往往比较重视对大学生的心理健康教育。其实,针对高校教师,也应该有这方面的内容。员工援助计划20世纪20年代起源于美国,60—70年代得到社会的广泛认可和应用,80年代随着经济全球化的发展被引入欧洲及世界其他地区,并且被发达国家的多年实践证明了是解决企业员工心理健康的最好方法。近年来,员工援助计划逐渐引入我国,成为人力资源管理的新理念。员工帮助计划的最初应用在于解决员工酗酒、吸毒和不良药物影响带来的心理障碍。员工援助计划的内容丰富多彩,涉及工作压力、心理健康、危机事件、职业生涯发展、健康生活方式、法律纠纷、理财问题、减肥和饮食紊乱等多个方面,但是,它的核心内容还是解决员工及其家人的心理和行为问题。由于职业高原期的高校教师必然面临较大的压力,这种帮助高校教师缓解压力的做法,可以减轻他们因职业高原带来的一些负面情绪,从而可以减少职业高原的负面影响。员工援助计划要在高校中发挥作用,必须有一套清晰的、书面的政策和程序,用以规定援助计划在企业中如何运行和执行。要明确员工援助计划在企业中应发挥的作用和目的;构建员工援助计划的运行流程,规定它的责任、义务和权利,以及它在组织中运行的机构保障;制订员工援助计划的评估指标及方法,评估的指标应该体现系统性和长期性,不能仅以短期内的经济效益作为唯一的评价标准;建立良好的监督和反馈机制。

　　总之,教师一方面通过各自行为的约束,即教师要为学校做出贡献,另一方面,学校要对教师的贡献给予回报,使教师的个人目标与学校目标达到和谐统一。高校应建立和健全一整套系统完善的教师职业生涯管理体制,使教师产生良好的安全感、工作满意度和对学校的认同感,以确保高教事业稳定、健康与可持续发展。

第九章 高校教师职业规划

第一节 职业规划的内涵

职业规划指个人根据对自身主观因素和客观环境的分析,确立自己的职业发展目标,选择实现这一目标的职业,以及制订相应的工作、教育和培训计划,并按照一定的时间安排,采取必要的行动完成职业生涯目标的过程。在这一过程中,接受相应的教育与培训是必不可少的环节。

从人力资本理论而言,人力资本具有下列特征:

第一,人力资本投资首先需要确定投资者,即投资主体。投资者可以是国家(中央、地方政府)、事业单位、企业、社会团体,也可以是家庭、个人等。

第二,人力资本投资直接改善、提高或增加人的劳动生产能力,即人进行劳动时所必需的智力、知识、技能和体能。

第三,人力资本投资旨在通过对人的资本投入,投资者未来获取价值增值的劳动产出及由此带来的收入的增加,或者其他收益。

从上述含义来看,人力资本投资具有投资的一般性质。它同物质资本投资一样,是能够带来新的价值增值的一种真正的投资行为或活动,是一种生产性的投资,且其投入产出收益大于物质资本投资,是一切投资中收益最高、获利最大的投资。

高校青年教师是人力资本中投资较多的一个群体,其职业生涯规划就是投资活动的安排过程。而这个投资活动,对于任何个体而言都是非常必要的。因为任何人的才华、能力等都是经过后天而得,虽然先天因素影响了一个人的素质,但是它必须通过后天的作业才能发挥作用,如果没有后天的投资活动的安排,先天再聪明,禀赋再高,也难有结果。据越南网络媒体《民智报》等 2013 年 8 月 8 日报道：1973 年越战期间，为了躲避战火，家住越南中部广义省的一名中年男子带着当时还是婴儿的儿子逃进了深山老林，从此过起了与世隔绝的原始生活。40 年后，地方官员经过 5 个小时的搜索，找到两人，并将他们双双送出深山密林。令人叹息的是，这对与世隔绝了 40 年的父子已经很难与人沟通。其中年迈的父亲还能讲一些当地少数民族语言，而人到中年的儿子只能说出几个单词。遥想当初，这名父亲逃入森林时才 42 岁，年幼的儿子还只是个婴儿。这就是一个很好的例子，证明了人力资本是需要后天开发，需要投资的。因此，职业生涯是需要规划的。

第二节　职业规划的背景

近年来，有关大学教师由于备受工作压力而倦怠或离职等问题，已经受到社会的广泛关注。2006 年对武汉市高校教师进行的调查结果显示：40 岁以下的青年教师所受的压力显著增大，其中助教和讲师的压力感受高于教授、副教授。

一、社会期望值较高

1. 在科教兴国、知识就是力量的时代背景下，社会对高校教师提出了更高的要求。青年教师是高校的新生力量，也是今后高校发展的中坚力量，所以社会对他们的工作和成长给予了更多的期望和关注。这就要求青年教师实时更新教学内容，不断改革教学形式和方法。这些要求增加了青年教师心理和身体上的压力。

2. 中国正处于社会转型期，社会上充斥着功利思想，高校被有些人称为最后一块净土，家长、学生及社会各界自然而然地增加了对教师的期望值。但过高的期望会使青年教师通过隐藏自己内心的真实感受来维持社会所期待的形象。长期的自我压抑，必定会出现心理疲劳与衰竭。

二、学校对教师职业发展的忽视

1. 青年教师工作量偏大，负荷较重。在很多高校，教授或资深教师主要致力于科研工作，教学任务主要由青年教师承担，一周十几、二十节课的教学量是很平常的事情。另外，由于网络等新技术的出现，学生获取信息的渠道多元化,为了超前于学生,青年教师不得不占用大量休息时间去充电。不是所有的高校都能够对青年教师进行关心和引导,为青年教师的职业发展做出实质性的帮助。

2.资历浅,科研难。许多青年教师还处于科研的探索期,由于其年龄、知识、阅历、经验的限制,大多只能靠自己摸索,很难取得较好的成绩。而科研又直接与职称的晋升和工资挂钩,这样的压力会让他们产生心理疲劳和畏难情绪,从而厌倦工作。不是所有的高校都能为这些青年教师做出职业规划,帮助提升科研能力。

三、教师个人方面原因

1.性格方面的原因。人们的处世态度和行为方式很大程度上由性格决定。一些青年教师有着过于强烈的自我实现与自尊需要,但却缺乏相应的自我认知能力,认识不到自己的不足;也有些青年教师比较内向孤僻,沉郁压抑,自卑感强,不善于与人交往,存在社交障碍。

2.专业技能的缺乏。现在的大学青年教师,多是刚毕业的研究生,学历层次高、思维活跃、想象丰富、成就动机强、专业基础厚实、善于接受新知识。但最近几年很多高校的发展目标有所调整,国际化趋势增强,对教师的要求提高,加之高等院校对研究生的培养,侧重科研能力的提升,很少有高校会对研究生提供严格系统的教育教学方面的知识和技能的培训。

综上所述,各种原因使得刚刚进入高校的青年教师对教师职业了解不多,存在着角色适应困难、自我职业发展意识薄弱等现象。有研究表明,在个人教学效能感因子上,41 岁以上的高职教师的教学效能感显著高于 40 岁及以下的高职教师(张婷等,2011)。这是年轻教师缺乏教学信心的实证数据,说明年轻教师在教学方面确实存在一定的困惑。而高校教师,尤其是青年教师职业发展中遇到的问题,需要通过职业发展规划来解决。从人力资源开发与管理理论来看,进行职业生涯规划与管理是解决职业倦怠的主要方法。对于青年教师而言,职业已经基本确定,但他们仍处于职业的不稳定期,具有很大的可塑性,通过职业生涯规划认识自身的性格、价值观、优势和劣势,获取外部环境中有关工作机会的信息,从而确定职业目标,制订实施计划,实现职业理想,有利于青年教师快速健康地成长,也有利于高校的稳定和发展。

所谓职业发展规划,是职业生涯规划的简称,就是对职业生涯乃至人生进行持续的系统的计划、设计和安排,它包括职业定位、目标设定、通道设计三部分内容。职业规划通常需要将个人发展与组织发展相结合,在对个人和内外环境因素进行分析的基础上,确定个体的事业发展目标,并选择实现这一事业目标的职业或岗位,编制相应的工作、教育和培训行动的计划,对每一步骤的时间、项目和措施做出合理的安排。高校教师的职业规划因此就包含了职业定位、目标设定和通道设计三部分。在这一过程中,高校教师应该将自己的职业目标与所在学校的发展目标相结合,按照学校的发展导向制订自己的职业生涯规划。

实施职业发展规划,从教师和学校两个方面来看,都具有积极意义。

第三节 高校教师职业规划的必要性

一、职业生涯规划有助于教师明确方向,完善自我

刚参加工作的很多教师对自己并不了解,尤其是不了解自身的优势和劣势。通过有效的职业生涯规划,可以使新教师熟悉自身的个性特质、现有和潜在的资源优势,帮助熟悉自身的价值并使其持续增值;可以对自己的优势和劣势进行对比分析,着力培养某项职业特质;树立自己的职业发展目标和职业理想,从而规划自己的学习和实践,并为获得自己认为理想的职业而去做各种预备。

二、通过职业生涯规划提高教师个人的创新思维

创新思维是指以现有的思维模式提出有别于常规或常人思路的见解为导向,利用现有的知识和物质,在特定的环境中,本着理想化需要或为满足社会需求,改进或创造新的事物、方法、元素、路径、环境,并能获得一定有益效果的行为。当今时代,创新思维的重要性被提高到了一个前所未有的水平。创新思维对教师个人的职业生涯发展具有十分重要的意义,只有具有较高的创新思维水平,思路灵活,提出新的设想、新的观念,才能不受传统思维和习惯的束缚。而职业规划本身就强调变革、创新、变通。因此,职业规划可以提高教师个人的创新思维。

三、职业生涯规划可以提高个人的科学文化和专业技术知识水平

现代职业的从业者,尤其是高校教师这一职业,只有把握丰富的现代科学文化知识和必要的专业技术知识才能适应社会和职业发展的需要。随着知识经济的来临,知识更新的步伐越来越快,不断学习和把握新的科学文化知识和专业知识变得更为重要和必要。

四、职业生涯规划有助于自我实现

面对人生的大舞台,每个人都渴望实现自我价值。美国心理学家马斯洛提出了著名的"需求理论",指出人的需求由低级向高级层次推进:即生理需求—平安需求—友爱和归属的需求—受尊敬的需求—自我实现的需求。所有这些需求又必须通过职业生涯活动来实现。我们可以通过从事一份职业来获得生理、平安、友爱和归属、尊敬的需求,我们更是通过从事一份职业来发挥自己的潜能,体现自我价值。因此,正确的职业生涯规划,能为实现自我价值创造机会,并能够扬长避短,帮助你最终迈向成功。

第四节　高校教师职业规划的特征

对于教师来说,制订与实施职业发展规划可促进教师的反思与行动,动态的职业发展规划能满足教师不断发展的需求。对于学校来说,职业发展规划可以增加教师对学校的向心力与忠诚度,学校可以有效地进行人力资源规划,学校可充分利用内部人力资源,降低师资流动率,减少对外界师资的依赖性,有助于改进教师的教育教学绩效,使各类资源的提供更具方向感与使命感,有效地发掘、培养、提升可用之才。

教师职业发展规划不仅是教育改革和教师队伍建设的客观要求,也是教师发展的内在需求,更是教师体现自己生命意义、实现生命价值和主动持续发展的现实选择。但在现实中,不少大学青年教师在思想上缺乏职业发展规划的意识,在实际行动上缺乏自觉的发展设计,在方法和策略上缺乏有效选择和建构的能力,甚至有些青年教师存在着认识上的误区和行动上的偏差。

第五节　高校教师职业规划的步骤

高校青年教师职业发展规划具有终身性、阶段性、专业性的特点。大学青年教师实施职业发展规划需要弄明白：我是谁？我想做什么？我会做什么？环境支持或允许我做什么？那么，如何具体实施职业发展规划？可以参考如下步骤：

一、定位和自我评估

职业生涯规划首先自己要给自己一个定位，一个人生定位。但这个定位却并不是一次性，它是个动态性的定位。职业生涯规划的功能就是帮你找到最优路径，帮你确定坚定的目标。当你在前面某处转弯了，它会告诉你这是什么路，该怎么继续前进。因此，个人职业生涯规划在实质上是一种定位。定位分为两类。一个是外部给的定位，另一个是自己给自己的主动定位。

在定位时要考虑和分析哪些因素呢？

第一，我到底想要什么？我的目标是什么？这一点是前提和基本，就像 GPS 导航系统，假如没有目标，则必然会出乱子。第二，我的优势是什么？我的专长是什么？我的能力范围能涵盖些什么？就是自己对自己一个真实真切的认识。第三，上面两点弄清楚之后，我应该做什么？这里说的应该做什么，其实是一种针对长期目标的一系列选择。应该考虑在什么阶段、什么时期应该做什么。应该做什么其实是一个选择问题。它很复杂，因为我们不是一次性的选择，而是长期的、不间断的选择，而且，它是在多重目标下的选择，也是在外界因素允许下的选择。

客观准确的自我评价是成功制订个人职业生涯规划的前提。自我评价就是高校青年教师对自己做出全面的分析，包括对个人的能力、兴趣、性格、气质、价值观等各个方面。评估过程中可以辅助标准化测评软件、霍兰德兴趣量表、360 度自我评估、分类卡、卡特尔 16 种人格因素测验等测评工具。通过客观、全面、公正的自我评估，青年教师能够清楚地知道自己目前所处的状态，坦然接受理想与现实的反差，减轻心理压力。同时，青年教师还能够辩证地看待自己的优势和劣势，制订适合自己的发展方向，在工作中扬长避短，努力克服缺点，使工作达到事半功倍的效果。

职业规划中的自我评估,很重要的第一个环节是了解自己的职业锚。锚,是使船只停泊定位用的铁制器具。所谓职业锚实际就是人们选择和发展自己的职业时所围绕的中心,是指当一个人不得不做出选择的时候,他无论如何都不会放弃的职业中的至关重要的东西或价值观。职业锚,也是自我意向的一个习得部分。个人进入早期工作情境后,由习得的实际工作经验所决定,与在经验中自省的动机、价值观、才干相符合,达到自我满足和补偿的一种稳定的职业定位。职业锚强调个人能力、动机和价值观三方面的相互作用与整合。职业锚是个人同工作环境互动作用的产物,在实际工作中是要不断调整的。

职业锚以个体习得的工作经验为基础。职业锚发生于早期职业阶段,刚参加工作的个体已经工作若干年,习得工作经验后,方能够选定自己稳定的长期贡献区。职业初期个体在面临各种各样的实际工作生活情境之前,不可能真切地了解自己的能力、动机和价值观以及在多大程度上适应可行的职业选择。因此,职业初期的个体的工作经验产生、演变、发展了职业锚。换句话说。职业锚在某种程度上由个体实际工作所决定,而不只是取决于潜在的才干和动机。职业锚不是个体测试出来的能力、才干或者作业动机、价值观,而是在工作实践中,依据自省和已被证明的才干、动机、需要和价值观,现实地选择和准确地进行职业定位。职业锚是个体自我发展过程中的动机、需要、价值观、能力相互作用和逐步整合的结果。个人及其职业不是固定不变的。职业锚,是个人稳定的职业贡献区和成长区。但是,这并不是意味着个人将停止变化和发展。员工以职业锚为其稳定源,可以获得该职业工作的进一步发展,以及个人生物社会生命周期和家庭生命周期的成长、变化。此外,职业锚本身也可能变化,员工个体在职业生涯的中、后期可能会根据变化了的情况,重新选定自己的职业锚。

职业锚有下列几种类型:

1.技术/职能型的人,追求在技术/职能领域的成长和技能的不断提高,以及应用这种技术/职能的机会。他们对自己的认可来自他们的专业水平,他们喜欢面对来自专业领域的挑战。他们一般不喜欢从事一般的管理工作,因为这将意味着他们放弃在技术/职能领域的成就。

2.管理型。他们追求并致力于工作晋升,倾心于全面管理,独自负责一个部分,可以跨部门整合其他人的努力成果,他们想去承担整个部分的责任,并将公司的成功与否看成自己的工作。具体的技术/功能工作仅仅被看作是通向更高、更全面管理层的必经之路。

3.自主／独立型。自主/独立型的人希望随心所欲安排自己的工作方式、工作习惯和生活方式。追求能施展个人能力的工作环境,最大限度地摆脱组织的限制和制约。他们宁愿放弃提升或工作扩展机会,也不愿意放弃自由与独立。

4.安全／稳定型。安全/稳定型的人追求工作中的稳定与安全感。他们可以预测将来的成功从而感到放松。他们关心财务安全,如退休金和退休计划。稳定感包括诚信、忠诚,以及完成老板交代的工作。尽管有时他们可以达到一个高的职位,但他们并不关心具体的职位和具体的工作内容。

5.创业型。创业型的人希望用自己的能力去创建属于自己的公司或创建完全属于自己的产品(或服务),而且愿意去冒风险,并克服面临的障碍。他们想向世界证明公司是他们靠自己的努力创建的。他们可能正在别人的公司工作,但同时他们在学习并评估将来的机会。一旦他们感觉时机到了,他们便会自己走出去创建自己的事业。

6.服务型。服务型的人指那些一直追求他们认可的核心价值,例如:帮助他人,改善人们的安全,通过新的产品消除疾病。他们一直追寻这种机会。

7.挑战型。挑战型的人喜欢解决看上去无法解决的问题,战胜强硬的对手,克服无法克服的困难障碍等。对他们而言,参加工作或职业的原因是工作允许他们去战胜各种不可能。新奇、变化和困难是他们的终极目标。如果事情非常容易,它马上变得非常令人厌烦。

8.生活型。生活型的人是喜欢允许他们平衡并结合个人的需要、家庭的需要和职业的需要的工作环境。他们希望将生活的各个主要方面整合为一个整体。正因为如此,他们需要一个能够提供足够的弹性让他们实现这一目标的职业环境。甚至可以牺牲他们职业的一些方面,如:提升带来的职业转换,他们将成功定义得比职业成功更广泛。他们认为自己在如何去生活、在哪里居住、如何处理家庭事务,及在组织中的发展道路是与众不同的。

职业锚问卷是国外职业测评运用最广泛、最有效的工具之一。职业锚问卷是一种职业生涯规划咨询、自我了解的工具，能够协助组织或个人进行更理想的职业生涯发展规划。

笔者认为，第三种和第七种是最适合从事高校教师职业的职业锚。

二、职业选择和认知

卡耐基曾说过："每个人生命中有两个最重要的决定，他们可能造就你，也可能毁灭你，将深深地改变你的一生。这两个重大决定是什么？第一：你将如何谋生？第二：你将选择谁做你孩子的父亲或母亲？"可见，选择职业是多么重要。选择什么职业，选择还是不选择教师职业，是我们每个人必须考虑清楚的。因此，青年教师要依据客观现实，不要盲从他人，要比较职业的条件、要求、性质与自身条件的匹配情况，选择条件更合适、更符合自己的特长、更感兴趣、经过努力能很快胜任、有发展前途的职业。扬长避短，看主要方面，结合自己的优势选择正确的职业，不要追求十全十美的职业。要考虑性格与职业的匹配、兴趣与职业的匹配、特长与职业的匹配、专业与职业的匹配等。总之，要"从事适合的职业"就是"做回我自己"，从事适合我自己的职业，代表了五层意思：

1. 从事"做回我自己"的职业就是从事"最有工作满足感、最喜欢"的职业，就是每天享受工作，而不是每天厌烦上班、对从事的工作感到厌倦甚至痛苦。有个故事很好地说明了这一点：一天，泰莱神父去医院主持一位病人的临终忏悔，他到医院后听到了这样的一段话："仁慈的上帝！我喜欢唱歌，音乐是我的生命，我的愿望是唱遍美国。作为一名黑人，我实现了这个愿望，我没有什么要忏悔的。我还用歌声养活了我的 6 个孩子，现在我的生命就要结束了，我死而无憾。"歌手的话让神父想起 5 年前他曾主持过的一次临终忏悔。那次是位富商，而他的忏悔竟然和黑人歌手差不多。他对神父说："我喜欢赛车，从小研究它们，改进它们，经营它们，一辈子没离开过它们。这种工作与兴趣相结合的生活方式让我非常满意，而且我还从中赚了大笔的钱，现在我没有什么要忏悔的。"泰莱神父给报社去了一封信，他写道："人应该怎样活才不会后悔呢？"也许做到这两点就够了：第一，做自己喜欢做的事；第二，想办法从中赚钱谋生。后来，这两条原则流传开来，成了美国人公认的"最不后悔的活法"。可见，选择自己最喜欢的职业,是多么重要!

2. 从事"做回我自己"的职业就是从事"进步和发展最快"的职业,最能发挥自己的性格和天赋优势,是职业发展的最佳路径。

3. 从事"做回我自己"的职业就是从事"一生长期发展"的职业,能取得一生职业生涯长期的成功,而不是依赖某个偶然机会的短时间内的成功。对有些人来说,适合的职业意味着对他是最好的职业,不是唯一可以做得来的职业;对于另一部分人来说,适合的职业可能意味着是唯一能够持续发展的职业,不适合的职业很难持续发展下去。

4. 从事"做回我自己"的职业就是从事"最能发挥潜能"的职业,能最大限度地发挥自己的潜力,在这个职业上能发展到很高的层次,能取得自己可以获得的最大成功。

5. 从事"做回我自己"的职业就是从事"最有竞争优势"的职业,与其他人竞争时有最重要的优势——性格和天赋优势。因为即使一个人有专业的优势或经验的优势,大家都从事同样的工作一段时间后,有性格和天赋优势的人进步更快,在知识和技能上会逐步赶上并超过仅仅有专业优势或经验优势的人,这样这个人的后天优势也会逐渐丧失。

一旦选择了高校教师作为自己的职业。青年教师就要加强对自身职业的认识,树立良好的职业信念,形成职业荣誉感,加强师德师风建设。对教师职业的充分认识,一方面使青年教师能够从容面对社会的高期望和社会转变带来的高要求,更好地服务于社会,另一方面育人意识的提升会让更多的学生认同、接受、喜欢,使青年教师的自我价值得以实现,从内心深处认同自己的教师身份,更积极地投身于工作。

认清教师职业的优势,树立职业理想、增强奋斗动力。没有愿望,人生就没有动力;没有方向和目标,动力就无法释放;没有目标的实现,就永远体会不到成功的喜悦。但同时,也应该看到任何职业都有利弊。教师也不是十全十美的职业。很明显,高校教师收入是不高的。高校所要求的人力资本是最优质的、最高级的,但它的定价机制却是非常扭曲的。过去知识分子很廉价。可是现在是市场经济了,将有很多选择。和很多行业比起来,教师可以说是"垄断低价"。因此,高校教师的弊端之一就是工资显得很低。在我们国家,高校教师的补助是按照公务员的标准发放的。虽说公务员工资低,但是诸多干部职位为什么这么吸引人呢?因为更多是在于其权利。就像在好莱坞竞争奥斯卡"小金人",其实这个"小金人"并不值多少钱,但是意义是在颁奖的后面。而有的青年教师,却是连一些简单的道理都搞不明白。举个例子,某博士后,辗转找了很多工作,嫌这个不好那个不好,就想有一份很满意又无可挑剔的工作。其实,这样的职业是没有的。

所以,我们强调要保持一份好的心态。学会第一要知足,所谓知足常乐;第二要知乐,生活如果不欢快,就会失去很多动力;第三要知难,所谓人贵有自知之明。对待教师职业也是如此,要看到快乐的地方也要看到其困难的地方。保持一颗平常心。更应该注重好的一面,而忽略其不好的一面,这样才能对教师职业有一个更加全面的、更加令人愉快的认知。

三、环境分析

外部环境是影响职业生涯规划的重要因素。青年教师的职业发展与学校环境息息相关,因此,在进行职业生涯规划时必须对学校环境进行分析。对学校的环境分析主要包括:学校的发展状况,学校的特点,学校能为自己提供哪些发展机会,学校的哪些因素对自身的发展有所帮助,学校的哪些因素可能会影响到自身的发展等。通过环境分析,提高青年教师对学校的认同感和归属感,增强青年教师对整体环境的把握和对困境的应对能力。在对学校环境分析的基础上,青年教师可以结合自身特点,利用有利条件,避开不利因素,在机会来临之前做好充分的准备,抓住每一个机会更好促进自身发展。

四、目标设定

青年教师要度过成功快乐的一生,在奋斗的过程中,就必须有清晰的方向,定出明确的目标,然后做出有效的行为。职业发展的终极目的不是功成名就,加官晋爵,一切以金钱为中心,而是人生持久幸福。如果我们能听到自己内心的声音,择其所爱,尽其所能,事业成功往往是水到渠成的事情。再退一步说,即使最后物质上的结果不尽如人意,至少可以享受过程的快乐。

在制订职业发展规划时,要找到对自己影响重大的人,认真听取他们的建议,特别是大学里同行教授的意见。因为教师面临的客观机遇是复杂多变的,有的青年教师对自己的职业发展认识不足。学校也有责任帮助青年教师准确地定位职业发展的方向和目标。职业发展目标的设定是职业生涯规划的核心。按照时间的长短可以把目标分为短期目标、中期目标和长期目标。短期目标一般为1—2年,中期目标一般为3—5年,长期目标一般为5—10年。高校教师的职业生涯通道类型有:教学管理型;教学科研型;科研教学型;管理型。究竟选择哪条道路,制订什么样的目标,高校青年教师不仅要根据自己的性格、能力、兴趣等特点,还要结合学校的实际情况,选择适合自己的发展路线,制订出切实可行、明确具体的职业生涯规划。清晰的目标定位指引了明确的方向,青年教师才会在前进的路途中充满动力和热情。具体实施目标计划的制订可以运用SMART原则,即目标要具体,要可衡量,要有挑战性,要与职业的远景规划有关联性,要有时间限定性。通过一步步的行动,一个个具体计划的完成,青年教师不断提升自己的竞争力,提高自己的工作和生活质量,最终实现职业生涯目标。

五、目标实施

说得好不如做得好。要使职业生涯目标变为现实,就必须制订切实可行的计划,并按照计划去执行。高校青年教师可以针对职业生涯的阶段性目标制订实施计划,比如怎样适应工作环境,如何提高教学水平、科研能力,何时参加培训以及采取什么措施进一步开发自己的潜能等。在制订职业规划的具体方案时,要不断地了解自身的条件,找到优势,充分发掘自己的优势,分析自身的问题,找到适合自己发展的路径,制订出切实可行的方案。

青年教师对科研的定位要趁早。如若什么课题都接,什么文字都写,什么内容都研究。最后成果最多,打的分数最高。但是精力却不集中,没有深度。所以作为一名高校教师,研究兴趣经常变是不好的,要突破一点再前进一点。

做好老师需要积累很多资本:知识资本、能力资本、物质资本和社会资本,即人脉。但是往往很多人把它庸俗化,以为"关系"就是社会资本。社会资本的核心概念是什么? 是信任。故而,作为新老师,你首次上台,能不能建立起学生对你的信任? 你在一个团队里,能不能建立起大家对你的信任？这其实就是在积累资本。你做一个研究评估，是优、良，还是及格？第一个项目的好坏对今后的影响非常大。如果你前面拿了优，下次就会优先考虑你，反之，你可能就失去机会。这个就是你的学术声誉。在一个组织里，一个团队里，一个学校里，建立起来的信任就是财富。因为以后会有很多机会，到底给谁啊？肯定是给自己信任的人。所以，大家在起步的时候，每一步都要走得扎实；在积累自身能力资本的时候，就要建立起社会上的信任感和良好的声誉。这些与年轻教师今后的发展，是息息相关的。

确定目标，坚持不懈走下去很重要。世上没有不劳而获的事情，任何人的成功都不是偶然的，一定是有了很长时间的积累，一定具备了一定的实力才能成功。任何成功人士都经历过落魄、艰辛、挫败、多年付出、执着、努力。所以，认准了自己的目标，一定要坚持不懈地走下去，不管遇到什么挫折，都不要放弃，同时一定要认真学习，只有这样，才能获得成功。甚至有人这样说："职业生涯规划就是选择一条路一直走下去。"可见，坚持不懈多么重要。下面的这个故事更是说明了坚持才是职业成功的硬道理。1965 年，一位韩国学生到剑桥大学主修心理学。在喝下午茶的时候，他常到学校的咖啡厅或茶座听一些成功人士聊天。这些成功人士包括诺贝尔奖获得者、某些领域的学术权威和一些创造了经济神话的人，这些人幽默风趣、举重若轻，把自己的成功都看得非常自然和顺理成章。时间长了，他发现，在国内时，他被一些成功人士欺骗了。那些人为了让正在创业的人知难而退，普遍把自己的创业艰辛夸大了，也就是说，他们在用自己的成功经历吓唬那些还没有取得成功的人。作为心理系的学生，他认为很有必要对韩国成功人士的心态加以研究。1970 年，他把《成功并不像你想象的那么难》作为毕业论文，提交给现代经济心理学的创始人威尔·布雷登教授。布雷登教授读后，大为惊喜，他认为这是个新发现，这种现象虽然在东方甚至在世界各地普遍存在，但此前还没有一个人大胆地提出来并加以研究。惊喜之余，他写信给他的剑桥校友——当时正坐在韩国政坛第一把交椅上的人——朴正熙。他在信中说："我不敢说这部著作对你有多大的帮助，但我敢肯定它比你的任何一个政令都能产生震动。"后来这本书果然伴随着韩国的经济起飞了。这本书鼓舞了许多人，因为他们从一个新的角度告诉人们，成功与"劳其筋骨，饿其体肤""三更灯火五更鸡""头悬梁，锥刺股"没有必然的联系。只要你对某一事业感兴趣，长久地坚持下去就会成功，甚至不需要很复杂的职业生涯规划，只要找到自己的兴趣所在。因为上帝赋予你的时间和智慧够你做完一件事情。后来，这位青年也获得了成功，他成了韩国泛业汽车公司的总裁。

六、评估与反馈

社会总是在不断地发展、变化、进步。高校青年教师必须用发展的眼光看待自己的职业生涯规划。在职业发展的过程中必然会出现一些不可预料的因素，青年教师要根据出现的新情况不断调整发展目标，调整心态，对自己的职业永远充满新鲜感与使命感，依靠激情与理性应对不良情绪的产生和蔓延，有效抑制职业倦怠感。

七、各种奖励、荣誉称号

奖励和荣誉在某种程度上对人才的成长起着非常重要的引导和推动功能。高校教师在职业发展过程中，要积极申请和参与国家、部委等重大项目，争取出大成果。在此基础上，教师个人有计划地申报"杰出青年基金""有突出贡献中青年专家""新世纪优秀人才"等一系列国家及部委的奖励计划，以促进个人的不断成长。

第六节　高校教师职业规划的注意事项

在职业规划过程中，要注意以下几点：

一、重点突破"职业高原期"

大学青年教师职业发展规划有多种形式。从时间上区分，有长期规划（10 年左右），中期规划（3—5 年），短期规划（年度计划、月计划和日计划）。短期规划比较容易制订，中长期规划则较难做。青年教师入职初期的发展规划，主要是确立职业发展方向。可以通过如下措施来帮助自己确立职业方向：

一是接受入职培训。青年教师在上岗前必须接受岗前培训，这是教师资格认定和专业技术职务聘任的依据之一。二是选择富有经验的教师做指导。青年教师要尽快适应新的角色，需要指导教师在平等民主的关系中实现职业经验传承。学校最好给每位新进教师配备一位职业导师，在教学方法、教学策略、学校各种明规则和潜规则等方面给予指导。新进年轻教师应该尊重职业导师，多向他学习、讨教，以帮助自己快速提升和成长。如果学校没有配备这样的职业导师，新进教师自己应该寻找一位合适的老教师，当作自己的职业导师，平时多向他讨教。遇到工作中的困惑，以及职业发展中应该解决的问题，都可以及时得到良好的答案和指导。

做好中期的发展规划，主要是走过"职业高原期"。青年教师工作一段时间后，就要积极突破现状，尽快走出职业发展的高原状态，逐渐向专家型教师转变。这个时候需要面对现实，积极调整心态。采取内部调和的方法解决"职业高原"问题是最有成效的，即从内部通过改变所处的环境来解决"职业高原"问题，寻求职业生涯的更好发展。这个时期还应接受提升培训。教师可以根据自身的情况和需求，结合学校的发展需要选择合适的培训方式。融入教师文化也很重要，听取专家教授的经验介绍，与不同年龄层次的教师在一起讨论交流、分享经验，有助于青年教师走出自身职业发展的"职业高原期"。学校完善教师职务聘任制，建立科学合理的报酬制度。给青年教师提供更重视公平的竞争环境，使他们能在向更高的职级晋升中获得平等的机会，同时建立有助于教师成长的激励机制，在满足一定的物质需求的基础上，要更关注教师从工作中获得的成就感。

二、个人与学校同步发展

瑞典教育学家托斯顿指出，大学教师发展是改进大学教师的教学或科研成效而设计的一些发展项目，包含教学发展、专业发展、组织发展和个人发展四个维度。而教学发展、专业发展可以包含在组织发展和个人发展之中。所以，教师职业发展规划是学校与教师双方的责任，学校与教师必须密切协作，教师的职业发展规划应与学校改革发展同步进行，教师与学校共同发展。

从学校方面看，学校根据自身现状与发展需求，以及教师的现有素质、发展潜力与发展期望等，制订教师的开发计划、教育培训计划，设计落实相关计划的活动，挖掘教师人力资源的潜力，帮助教师获得职业发展。

帮助青年教师做好职业发展规划，学校应做些什么？笔者认为学校可以在六个方面有所作为：

1.构建教师发展的平台。教师是大学学科组织的重要构成要素之一,学科带头人更是学科发展的核心。学校要遵循学科发展规律,注重学科带头人发展,夯实教师发展的学科平台,使教师与学科共同成长。另外,建立创新团队与跨学科协作机构,促进知识共享交叉。科研创新团队不仅能把握学术前沿,选准研究方向,而且能在集体协作中形成创造的"叠加效应"。同时,大学应搭建平台,促成各学科间的交流与合作,使不同学科背景的教师,利用学术的边缘效应探求新知、创新发展。

2.建立教师职业发展规划制度。大学要根据教师不同职业发展阶段的需求,做好教师职业发展早期、中期和晚期规划,建立完备的职业发展管理制度,把职业发展规划纳入教师激励机制。

3.营造科学民主的学术环境。大学教师自我意识较强,要给他们营造科学、民主、公平、竞争的学术环境,平衡学术与行政的关系,以柔性化管理较大限度地激发教师发展潜质。

4.建立以教师发展为导向的分类考核评价制度。学校要建立着眼于未来的发展性教师评价制度,以教师职业发展为目的,强调教师个人发展、职业发展和未来发展的融合。

5.制订系统的人力资源开发规划。大学制订系统的人力资源开发规划,引导教师树立终身学习的理念,寻求自我发展与学校引导的良性互动。

6.促进教师教学与科研协同发展。教学支撑着学术,学术引导着教学。实施大学教师发展规划,使教学与科研互利共生,协同发展。

从教师方面看,实施职业发展规划是教师根据自身的现实条件与发展潜力、外部机遇与制约因素,以及对机遇与制约因素发展变化的预测,确立自己职业发展方向和目标,选择职业发展路径和策略,制订发展计划,以及实现职业发展目标的具体行动方案等。具体说,从影响青年教师职业发展规划的因素上看,主要包括社会因素、家庭因素和个人因素。实施职业发展规划,教师要科学认识、充分利用这三个因素。青年教师要科学认识自己所处的社会环境,准确把握自己职业发展的目标、任务、速度、感受。当职业发展与家庭生活出现矛盾、职业发展受到重大影响时,青年教师要处理好家庭生活与职业发展的关系,争取自己职业发展获得家庭的大力支持。在职业发展的过程中,青年教师要能围绕着个人因素诊断问题、诊断自己、选择应对措施,制订职业发展规划,有效地促进自己的职业发展。